般若心経

決定版

生き方を学ぶ

ひろさちや

中央公論新社

目次

エピローグ　人生をプレイする　201

般若心経

生き方を学ぶ

プロローグ　いかに生きるか？

物差しの問題

ここに一千万円があります。いや、一千万円があると仮定してみてください。そこで、あなたはその一千万円を、〈すごい大金〉と思いますか？ それとも〈なんだ、こんな端金《はしたがね》か〉と思いますか？

大部分の読者にとって、一千万円を「端金」とは思えませんよね。しかし、世の中には一千万円を「端金」と思っている人もいるのです。

ですから、一千万円が「大金」か「端金」か、いくら議論をしても決着がつきませんよね。「そんなの、主観の問題だよ」ということに落ち着きそうです。では、「主観」とは何なのでしょうか？

そもそも「主観」とは何か、を論じ始めると、われわれはややこしい哲学問題に巻き込まれそうです。それを避けるために、ここでは、

——物差し——

の違いにしておきます。ある人の物差しだと一千万円は「端金」と測られ、別の人

の物差しだとそれが「大金」になります。それぞれが持っている物差しが違うから、測定の結果が違ってくるのです。

たいていの議論は、この物差しの違いに起因します。「彼が善人か／悪人か？」「彼女が美人か／不美人か」、われわれは口角泡を飛ばして議論をしますが、測る物差しが違っているのだから、決着を見るわけがありません。わたしなんか、それが分かっていながら、なおも議論ばかりしています。はい、はい、反省しています。

でも、暑さ／寒さなどは温度計があるから客観的に決められるだろう、といった反論があるかと思います。けれども、わたしの言っているのは体感温度です。同じ冷房の温度でも、〈暑い〉と感じる人もいれば、〈寒い〉と感じる人もいます。講演会場などでは、場所によってたしかに温度が違います。それで主催者は、「寒い」と言う人の声を重んじて、冷房の温度を上げたり、冷房をストップしたりするのですが、そうすると講師のわたしのいる場所は急に暑くなります。〈寒い〉と感じる人は、自分の物差しによってそう感じるのですから、その人がセーターを用意しておけばよいのではないでしょうか。

なお、熱帯地方のアマゾンでは、二十四度といった温度でも寒さを感じ、マフといった防寒具を使用するそうです。気象学者によると、平均気温より五度低くなると寒さを感じるそうです。

「空」とは何か?

いったい、おまえは何の話をしているのだ⁉ と詰《なじ》られそうですね。

わたしは、『般若心経』の話をするつもりです。『般若心経』については、原文も訳文も、すべてあとで述べるつもりです。ただ、『般若心経』は、

色即是空。

と言っています。これがいちばん有名な文句です。その詳しい解説は後廻しにしますが、これは、

〈事物はすべて「空《くう》」である〉

と言っているのだと思ってください。そして、このことが分かりさえすれば、『般若心経』が分かったことになります。

ところが、その、

――「空」――

ということがむずかしい。わたしも、ときどき、

「いったい〈空〉って何なのですか？」

と問われますが、そう簡単に説明できませんよ。たとえば、

《空《くう》……固定的実体の無いこと。実体性を欠いていること。うつろ。原語のシューニャは、〈…を欠いていること〉の意。……》（『岩波仏教辞典』）

と解説していますが、これでみなさんはお分かりになりますか？　分かりませんよね。

それでわたしは、『般若心経』の内容の解説は後廻しにして、まず読者に「空」ということの概略を分かっていただきたいと思いました。こういう書き方が成功するか

どうか、あまり自信がありませんが、本書においては、『般若心経』の逐語的解釈よりも、わたしたちがこの人生をどう生きるべきか、それを『般若心経』に学ぶことを主目的にしていますので、こういう書き方をすることを許してください。

＊

さて、そこで、前に述べたことを要約しておきます。

——事物には物差しはついとらんぞ——

——事物を測定する物差しは、それぞれの人がてんでに持っているのだ——

この二つですね。そしてこれが「空」の説明になっています。

一千万円が大金か／端金か？　一千万円そのものは何も語っていません。それを大金にするのも／端金にするのも、それぞれの人が自分勝手に持っている物差しで測るからです。

冷房の二十七度という温度が暑いのか／寒いのか、温度そのものには物差しがついていません。暑い／寒いは、それぞれの人がめいめいに持っている物差しによって決められます。

お金そのもの、温度そのものには物差しがついていません。各自がてんでに持っている物差しによって、評価されます。それ故、事物そのものには物差しがついとらんぞということを、仏教では「空」というのです。

寒さ／暑さになりきる

では、どうすればよいのでしょうか？　ゆっくり考えてみましょう。

物差しの問題であれば、物差しを取り換えるとよい。最初に思いつくのが、そういう答えです。でも、永年、その物差しを使って生きてきた人が、そう簡単に物差しを換えられるでしょうか？

無理ですよね。〈金が欲しい。もっと金持ちになりたい〉と思っていた人間が、急に、〈自分はもうこれで十分なんだ。これ以上の金は欲しくない〉とは思えませんよね。何年か努力すれば、そうなれる可能性もありますが、なかなかそうなれないのがむしろあたりまえです。

一つ、禅問答を紹介します。

《僧、洞山に問う、寒暑到来せば、如何《いか》んが廻避せん。山云く、何ぞ無寒暑の処に向かって去らざる。僧云く、如何なるかこれ無寒暑の処《ところ》。山云く、寒時には闍黎を寒殺し、熱時には闍黎を熱殺す》（『碧巌録』第四十三則）

〔ある僧が洞山に問うた「寒さ／暑さがやって来ました。われわれはそれからどうしたら逃れられるでしょうか？」洞山が答えた「どうして寒さ／暑さのない所に行かないのだ⁉」僧が言った「その寒さ／暑さのない所とは、どういう所ですか？」洞山が言った「寒いときはおまえさんを寒さで殺してしまい、暑いときは暑さでおまえさんを殺してしまうのだ」〕

ちょっと逐語的に訳してしまいましたが、こういうことです。

洞山良价《とうざんりょうかい》（八〇七―八六九）は、中国、唐時代の禅僧です。その洞山に一僧が質問します。

「寒くなったとき、暑くなったとき、われわれはどうしたらその寒さ／暑さから逃げられますか？」

現代であれば、冷暖房設備があります。でも、前にも述べましたが、それでもっては問題は解決しません。各自の体感温度が違いますから、「まだ寒い」「まだ暑い」と文句を言う人が出てきます。その点では、唐代の禅僧のほうがすばらしいですね。洞山はこう答えました。

「なに、簡単なことじゃ。寒さ／暑さのない場所に行けばよい」

「その、寒さ／暑さのない場所とは、どういう所ですか？」

「寒いときは、おまえさんが寒さそのものになりきればよい。暑いときは、おまえさんが暑さそのものになりきるのじゃ。そうすると、どこにも寒さ／暑さはないぞ」

〝闍黎《じゃり》〟という語は、〝阿闍黎《あじゃり》〟の略で、本来は「師匠」を意味します。ここは師匠が弟子をちょっとからかって「先生」と呼んでいるのだと思ってください。

寒さ／暑さそのものになりきるというのは、たとえば冬にスキーに行くと、誰も寒さに文句を言いません。寒ければ寒いほど、スキーは楽しいでしょう。夏に海水浴に行ったときも同様です。小雨が降っていて、肌寒いときに海水浴に行っても、あまり楽しくはありませんね。むしろかんかん照りのほうが、海水浴は楽しいでしょう。こういうとき、わたしたちは寒さ／暑さそのものになりきっているのです。

そういう「なりきる」という生き方を、洞山はわれわれに教えてくれているのです。ですから、貧乏になれば貧乏になりきればいいのです。病気になれば病気になりきる。

では、どうすれば、貧乏になりきる、病気になりきることができますか？

そうあわてないでください。われわれはその答えを『般若心経』に学びましょう。

そのまんま、そのまんま

洞山は、寒さ／暑さになりきる方法を教えましたが、同じく唐代の禅僧の趙州《じょうしゅう》従諗《じゅうしん》（七七八―八九七）は、こんなことを言っています。ちょっと彼の生没年に注意してみてください。この人、百二十歳まで生きているのです。相当長生きしたばかりでなく、彼は中国、禅僧の最高峰とされています。

ある日、老婆が趙州和尚を訪ねて来ました。そして、こんな質問をします。

「仏教では、女性は仏になれず、生死の苦海から脱出できぬといわれています。和尚さま、どうすれば女性であるわたしが救われましょうか、お教えください」

それに対する趙州の答えは冷たいものでした。

「願一切人生天、願婆婆永《とこしえ》沈苦海〔願わくは、一切の人が天に生れんことを。願わくは、婆々《ばば》が永《とこしえ》に苦海に沈まんことを〕」

すべての人が天界に生れ、そして婆さん、あんたは永遠に苦海に沈んでおれ！　といった返事。冷たいですよね。

しかし、婆さん自身が言っています。仏教の教理だと「女性は仏になれない」のだ、と。それなら、それで仕方がないじゃないですか。苦海にいるよりほかないのであれば、苦海で苦しむよりほかありません。

わたしたちは、問題解決にこだわっています。問題があれば、それと真剣に取り組み、解決すべきである。そういうふうに子どものころから教え込まれてきました。でも、なかには解決できない問題もあるのです。

解決できない問題を解決しようとしても無駄ですね。解決できない問題――本当は、ほとんどの問題が、根本的・究極的に解決できない問題なんですが――は、無理に解決しようとせず、そのまんま苦しめばいいのです。趙州はそのことを教えています。

それから、仮に問題が解決できたとして、それでどうなるのでしょうか？　よく、この病気が治れば、「あれをしたい」「これをしたい」という人がいます。でも、その「あれ」も「これ」も、病人のままでできることが多いのです。だとすれば、わたしたちは問題をかかえたままでいいのです。

――そのまんま、そのまんま――

で生きる。それもまたなかなかいい「解決策」だと思われませんか。

幽霊の正体

少し話題を変えます。

みなさんは、お化けと幽霊の差をご存じですか？

お化けには足があるけど、幽霊には足がない——と答えないでください。三遊亭円朝（一八三九—一九〇〇）の『牡丹灯籠』の幽霊は、駒下駄の音を響かせて登場します。下駄というものは足に履くものでしょう。ということは、幽霊にも足があるのです。

——お化けは場所に出る。幽霊は人に出る——

それが正解です。安倍さんに怨み、辛《つら》みのある幽霊は、安倍さんがどこに行こうと、そこに付いて回ります。安倍さんが総理大臣官邸にいれば総理大臣官邸に、選挙区に行けばその選挙区に出現します。そして、安倍さんにしか見えません。安倍さんに怨みがあるのであって、他の人には用がないからです。

一方、お化けのほうは、ある特定の場所に出没します。古井戸の傍《そば》だとか、川端柳の生えている河岸だとか、古来、お化けの出る有名な場所があります。そして、その場所に行けば、まあ、多数の人がお化けを見ます。もっとも、心の強い人は、あまりお化けや幽霊を見ませんが……。

——幽霊の正体見たり枯れ尾花——

と言われています。〝枯れ尾花〟というのは、枯れたすすきの穂です。びくびくした心で見れば、枯れすすきが幽霊やお化けに見えるのです。

といった説明は、あまり正しくありません。『般若心経』が教えているのは、「空」なるものがあって、それをある人は「幽霊」と見、別の人は「枯れ尾花」と見ているのです。さらに〝枯れ尾花〟なんて言葉を知らない人は、それを「枯れたすすき」あるいは「枯れた雑草」と見ます。また、そこに何も見ない人もいます。

では、どのような見方が正しいのでしょうか……？

それは、正しい／正しくないの問題ではありません。

ときに霊媒師なる人がいて、「あなたに邪霊がついている」と脅しを言う人がいます。昔、わたしの友人がそれに引っかかり、十万円の約束で除霊をしてもらうことにしました。その除霊の儀式が終わったあと、七十万円を請求されたというのです。

「話が違う」と捩じ込むと、

「あなたに七つの邪霊がついていた。一体十万円だから、七体で七十万円になるのだ」

と説明されたそうです。「ひろさん、邪霊なんて、本当はないのよね」と友人が言うから、わたしは、

「邪霊の見える人には見える。見えない人には見えないのだよ」

と話しました。邪霊がない——と主張する人のほうが、あんがい騙されやすいのです。『般若心経』は、邪霊なんてないとは言っていません。すべては「空」であって、それを邪霊と見る人もいれば、なにもないと見る人もいます。そのことさえ分かっていれば、おかしな話に引っかかることは少ないでしょう。

きれいも／汚いもない

では、ゴミの話をします。

じつは、あとでも述べますが、『般若心経』は、

不生不滅《ふしょうふめつ》。不垢不浄《ふくふじょう》。不増不減《ふぞうふげん》。

〈生じたり滅したりすることなく、きれいも汚いもなく、増えも減りもしません〉

と言っています。これはすべて物差しの問題なんです。

あなたに悩みが生じたといいますが、それはあなたがそのことを気にしているだけのことです。たとえば、あなたが禿《はげ》を気にしているとします。しかし、あなたの禿を気にしている人なんて、ほとんどいません。あなたが勝手に悩んでいるだけです。だから、悩みが滅したりはしません。ただ、あなたがそれを気にしなくなった状態になっただけのことです。

そして「不増不減」ですが、小学生が校庭で遊んでいて、他人とぶつかります。そんなとき、〈うちの校庭は狭いなあ〉と感じますが、その校庭を掃除させられるとなると、〈なんてうちの校庭は広いんだろう……〉と感じます。校庭の広さは増えもせ

ず／減りもしていないのです。これも物差しの問題ですね。

そして、ゴミの問題です。『般若心経』は、「不垢不浄」と言っています。きれいも汚いもないのです。

それが証拠に、急須《きゅうす》の中にあるお茶の葉は決して汚くはありません。摘まんで食べてもよいくらいです。だが、その茶殻を流しに捨てたとたん、それはゴミになり、汚くなります。あの汚さはどこから生じたものでしょう。実体的なものではありませんね。お茶の葉そのものは「空」であって、それをわたしたちは自分の持っている物差しでもって汚くしているのです。

韓国の人から聞いた話ですが、お嫁さんが家の中をきれいにしていると、お姑さんが、

「そんなことをしていると、福の神が逃げ出してしまう」

と叱るそうです。あんがい福の神は、汚いほうが好きなようです。

『涅槃経《ねはんぎょう》』というお経に、こんな話があります。

福の神がある商家を訪れました。もちろん商家の主人は喜んで迎えます。するとあとから、見るからに汚らしい女が入って来ます。

「おまえは誰だ？」

「わたしは黒闇天《こくあんてん》よ。わたしの訪れる所、どこも不幸になる、そういう不幸の女神よ」

「そんな女に来てもらっちゃ困る。とっとと出て行け！」

「あらっ、さっき入って行った女神は、わたしの姉よ。わたしたち姉妹は、一緒に行動することになっているの。わたしを追い出せば、姉も出て行くわよ。それでもいいの……？」

主人はしばらく考えて、言いました。

「かまわん、二人とも出て行ってくれ！」

さあ、あなたであればどうしますか……？

＊

このように、物差しの問題はいろいろとむずかしいですね。「どうすればよいか……？」と、わたしは読者に何度も問いかけました。それはたんに問題解決を求めているのではありません。そうではなくて、わたしたちはこの人生をどう生きればよいかを読者に問いかけたのです。

人生をいかに生きるべきか……?
それがわたしたちの問題です。
その「生き方」を、われわれは『般若心経』に学びましょう。

『摩《ま》訶《か》般《はん》若《にゃ》波《は》羅《ら》蜜《みっ》多《た》心《しん》経《ぎょう》』

唐《とう》三《さん》蔵《ぞう》法《ほう》師《し》玄《げん》奘《じょう》訳

観《かん》自《じ》在《ざい》菩《ぼ》薩《さつ》。行《ぎょう》深《じん》般《はん》若《にゃ》波《は》羅《ら》蜜《みっ》多《た》時《じ》。照《しょう》見《けん》五《ご》蘊《うん》皆《かい》空《くう》。度《ど》一《いっ》切《さい》苦《く》厄《やく》。舎《しゃ》利《り》子《し》。色《しき》不《ふ》異《い》空《くう》。空《くう》不《ふ》異《い》色《しき》。色《しき》即《そく》是《ぜ》空《くう》。空《くう》即《そく》是《ぜ》色《しき》。受《じゅ》想《そう》行《ぎょう》識《しき》。亦《やく》復《ぶ》如《にょ》是《ぜ》。舎《しゃ》利《り》子《し》。是《ぜ》諸《しょ》法《ほう》空《くう》相《そう》。不《ふ》生《しょう》不《ふ》滅《めつ》。不《ふ》垢《く》不《ふ》浄《じょう》。不《ふ》増《ぞう》不《ふ》減《げん》。是《ぜ》故《こ》空《くう》中《ちゅう》無《む》色《しき》。無《む》受《じゅ》想《そう》行《ぎょう》識《しき》。

無《む》眼《げん》耳《に》鼻《び》舌《ぜっ》身《しん》意《い》。無《む》色《しき》声《しょう》香《こう》味《み》触《そく》法《ほう》。無《む》眼《げん》界《かい》。乃《ない》至《し》無《む》意《い》識《しき》界《かい》。無《む》無《む》明《みょう》。亦《やく》無《む》無《む》明《みょう》尽《じん》。乃《ない》至《し》無《む》老《ろう》死《し》。亦《やく》無《む》老《ろう》死《し》尽《じん》。無《む》苦《く》集《しゅう》滅《めつ》道《どう》。無《む》智《ち》亦《やく》無《む》得《とく》。以《い》無《む》所《しょ》得《とく》故《こ》。菩《ぼ》提《だい》薩《さっ》埵《た》。依《え》般《はん》若《にゃ》波《は》羅《ら》蜜《みっ》多《た》故《こ》。心《しん》無《む》罣《けい》礙《げ》。無《む》罣《けい》礙《げ》故《こ》。無《む》有《う》恐《く》怖《ふ》。遠《おん》離《り》一《いっ》切《さい》顚《てん》倒《どう》夢《む》想《そう》。究《く》竟《きょう》涅《ね》槃《はん》。三《さん》世《ぜ》諸《しょ》仏《ぶつ》。依《え》般《はん》若《にゃ》波《は》羅《ら》蜜《みっ》多《た》故《こ》。得《とく》阿《あ》耨《のく》多《た》羅《ら》三《さん》藐《みゃく》三《さん》菩《ぼ》提《だい》。故《こ》知《ち》般《はん》若《にゃ》波《は》羅《ら》蜜《みっ》多《た》。是《ぜ》大《だい》神《じん》呪《しゅ》。是《ぜ》大《だい》明《みょう》呪《しゅ》。是《ぜ》無《む》上《じょう》呪《しゅ》。是《ぜ》無《む》等《とう》等《どう》呪《しゅ》。能《のう》除《じょ》一《いっ》切《さい》苦《く》。真《しん》実《じつ》不《ふ》虚《こ》。故《こ》説《せつ》般《はん》若《にゃ》波《は》羅《ら》蜜《みっ》多《た》呪《しゅ》。即《そく》説《せつ》呪《しゅ》曰《わつ》。羯《ぎゃ》諦《てい》。羯《ぎゃ》諦《てい》。波《は》羅《ら》羯《ぎゃ》諦《てい》。波《は》羅《ら》僧《そう》羯《ぎゃ》諦《てい》。菩《ぼう》提《じ》薩《そ》婆《わ》訶《か》。般《はん》若《にゃ》心《しん》経《ぎょう》。

現代語訳般若心経

すばらしき仏の智慧の
真髄を教えた経典

観自在菩薩《かんじざいぼさつ》は、別名を観世音菩薩《かんぜおんぼさつ》、あるいは観音菩薩《かんのんぼさつ》といい、一般に〝観音さま〟と呼ばれ親しまれている菩薩（仏に向かって歩む者）です。その観自在菩薩が、かつて般若波羅蜜《はんにゃはらみつ》――仏の智慧の完成――を徹底して実践されましたが、そのとき、肉体も精神もいっさいが「空」であることを見極《みきわ》められ、それによってあらゆる苦悩、災《さい》厄《やく》を克服されました。

舎利子《しゃりし》（シャーリプトラ）よ――。

身体は「空」にほかならず、「空」が身体にほかならないのです。身体がすなわち「空」であり、「空」がすなわち身体です。感じたり、知ったり、意欲したり、判断したりする精神のはたらきも、これまた「空」なのです。

舎利子よ――。

宇宙の森羅万象《しんらばんしょう》すべてが「空」なるあり方をしていますから、生じたり／滅したりすることはなく、きれい／汚いもなく、増えもせず／減りもしないのです。

これまでの伝統的な仏教（いわゆる小乗仏教）では、

五蘊《ごうん》（五つの集まり）……色蘊《しきうん》（肉体の集まり）・受蘊《じゅうん》（感受作用）・想蘊《そううん》（表象作用）・行蘊《ぎょううん》（意志作用）・識蘊《しきうん》（認識作用）、

六根《こん》（六つの感覚器官）……眼根《げん》・耳根《に》・鼻根《び》・舌根《ぜっ》・身根《しん》・意根《い》、

六境《きょう》（六つの対象領域）……色境《しき》・声境《しょう》・香境《こう》・味境《み》・触境《そっ》・法境《ほう》、

十八界《かい》（六根と六境との接触によって生じる六つの認識世界をすべて合わせたもの）……眼識界《げんしき》・耳識界《にしき》・鼻識界《びしき》・舌識界《ぜっしき》・身識界《しんしき》・意識界《いしき》、

によって世界を説明していますが、「空」の中にはそんなものはありません。

また、小乗仏教では、老死《ろうし》といった人間の苦悩が生じる原因は、無明《むみょう》といった人間の根源的迷妄にあるとし、その無明をなくすことによって老死といった苦悩もなくなると教えています。これが十二縁起《えんぎ》と呼ばれる小乗仏教の基本教理ですが、いっさいは「空」なのですから、「空」の中にそんな無明だとか老死といったものはありません。そんなものにこだわる必要はないのです。

さらに小乗仏教には、四諦《したい》という教理体系があります。四諦とは「四つの真理」であって、

1　苦諦《くたい》……人間の生存は苦であるという真理、
2　集諦《じったい》……苦の原因はわれわれの欲望・煩悩・執着にあるという真理、
3　滅諦《めったい》……その原因である欲望・煩悩・執着を滅することによって、理想の状態に到達することができるという真理、
4　道諦《どうたい》……そのための方法である八正道と呼ばれる、八つの実践に関する真理、

のことです。けれども、このような四諦にこだわることもないのです。

そしてまた、智慧もなく悟りもありません。大乗仏教では、悟りに到達しても、その悟りに執着し、こだわることがないからです。

大乗仏教の求道者（菩薩）は、般若波羅蜜（仏の智慧の完成）を実践していますから、その心は何ものにも執着することはないし、こだわりがありません。こだわりがないので、恐怖に怯《おび》えることなく、事物をさかさまに捉《とら》えることもなく、心は徹底し

て平安であります。

また、過去、現在、未来の三世《さんぜ》にましします諸仏も、この般若波羅蜜を実践することによって、この上ない正しい完全な悟りを開かれました。

それ故、このように言うことができるでしょう。般若波羅蜜はすばらしい霊力のある真言《しんごん》（真実語）であり、すぐれた真言であり、無上の真言であり、無比の真言である、と。それはあらゆる苦しみを消滅させてくれます。真実にして、絶対に虚妄ではありません。

そこで、般若波羅蜜の呪（真言）を説きます。

すなわち、これが呪（真言）です――。

分かった、分かった、ほとけの心、

すっかり分かった、ほとけの心、

ほとけさま、

ありがとう。

以上が『般若心経』です。

1

『般若波羅蜜多心経』

ちょっと損をするための智慧

まず題名の説明からします。

摩訶般若波羅蜜多心経《まかはんにゃはらみったしんぎょう》

これが経典のタイトルです。その前に〝仏説〟(仏が説かれた)の二文字のあるものもありますが、これはあってもなくてもいいでしょう。

最初にある〝摩訶《まか》〟は、サンスクリット語の〝マハー〟を音訳したもので、「大きい」といった意味です。ただし、二つの物を比較して、「こちらのほうが大きい」と判断するような意味での「大」ではありません。仏教語の〝大〟は、そういう比較を絶した「大」で、だからわたしは「すばらしい」と訳しておきました。

次の〝般若《はんにゃ》〟。これは「智慧」の意味です。サンスクリット語の「智慧」を意味する〝パンニャー〟(ただし俗語形です)を、そのまま〝般若〟と音訳したもの。した

がって、『般若心経』は簡単にいえば、

——智慧のお経——

です。しかしこの「智慧」は、わたしたちが普通にいう「知恵」ではありません。わたしは、〝智慧〟と〝知恵〟を書き分けて使おうと思っています。

われわれが普通にいう「知恵」は、まずは、

——損得の知恵——

です。わたしたちは損することが大嫌いで、どうしたら得になるか、そればかりを考えています。ときに、「損して得とれ」といったことも言われていますが、これも結局は得することを考えているのです。

では、般若とは何でしょうか？

それは「仏の智慧」です。

それでは、「仏の智慧」とは何でしょうか？

まずは、「損するための智慧」といっておきましょう。

大損をしろ、というのではありません。自分にできる範囲の損でいいのです。自分も困り、家族も困るような損をしてはいけません。それには智慧が要ります。たとえ

ば、乗ったタクシーの運転手が道をまちがえて遠回りをしてしまったとき、〈これぐらいの損は、いまの自分の財政からして、大したことはない〉と、ちょっとチップを加算し、「ありがとう」と言って降りる。もちろん、喧嘩をしてもいいのです。でも、喧嘩をすれば、あとあとまで気分が悪いですね。どちらを選ぶか？　その判断が般若です。

ですから般若とは、ちょっと損をするための智慧だと理解してください。

目盛りのない物差し

プロローグにおいて、わたしは「物差し」の問題に触れました。じつは、損得の知恵は、わたしは「ゴム紐の物差し」によって考えていると思います。

ゴム紐の物差しとは、自分に都合のよい物差しです。自分が悪いことをしたときは、〈わたしはほんのちょっぴりしか悪いことをしていない〉と測り、他人の悪は大きく測ります。反対に自分の善に対しては大きく測り、他人の善に対しては過小評価します。つまり伸縮自在な物差しです。

だとすれば、わたしたちはそんなあやふやな物差しを使わずに、もっと正確な物差しを使うべきだ。そういう主張が出てきそうです。プロローグでも申し上げましたが、事物は「空」なのですから、いかなる物差しでもってしても、事物は正確に測ることができないのです。それこそ、各自が自分勝手に持っている物差しでもって測っている。それが「空」なんですから、どうにも仕方のないことです。

では、どうすればよいか……？　わたしは、「どうすればよいか？」を連発していますが、ここは「仏の物差し」を使うよりほかないのです。その仏の物差しとは何か？　それは目盛りのない物差しです。目盛りがついていないのだから、事物を測ることができません。したがって、仏の物差しとは、測らない物差しです。

キリスト教のイエスは、

《人を裁くな》(「マタイによる福音書」7)

と言っています。まるで裁判員になってはいけないと主張しているかのようですが、そうではありません。正式な裁判は、裁判官のほかに検事や弁護士がいます。ところが、わたしたちは弁護士なしで、「あの人は悪い人だ」と勝手に人を裁いているのです。イエスが言ったのは、そういう「裁き」だと思います。つまり、悪口を言うな！

ということでしょう。

仏の物差しというのも、それと同じだと思います。仏の物差し――目盛りのない物差し――でもって測りなさい！　ということは、いっさいを測らないのです。他人を測らないだけではなしに、自分をも測らないのです。〈自分は貧乏だ〉と思うのは、自分を測っているからです。いくら測っても、自分の持っているお金に増減はありません。にもかかわらず、測れば必ず欲が生じます。

〈もっと金が欲しい〉

と思って、あくせく、いらいら、がつがつと生きるようになります。だから、いっさいを測らずにおいて、あるがままに受け止めればいいのです。そして、のんびり、ゆったり、ほどほどに生きればよい。

それが般若――仏の智慧――だと思ってください。

彼岸に渡る

次に〝波羅蜜多〟にいきましょう。これはサンスクリット語の〝パーラミター〟を音訳したものです。『般若心経』を訳した玄奘（六〇二―六六四）は〝波羅蜜多〟としましたが、〝多〟の字はしばしば省略されて〝波羅蜜〟と表記されることが多いようです。

さて、〝パーラミター〟ですが、この語の解釈には二つあります。

――完成――

――到彼岸――

です。サンスクリット語の本来からすれば「完成」――般若（仏の智慧）を完成させること――のほうがすんなりとしますが、中国や日本ではこれを「到彼岸」と解釈しています。もちろん玄奘もこの解釈に従っているようです。

「彼岸」とは「仏の世界」です。わたしたちは煩悩あふれる此岸《しがん》に住んでいます。此岸から彼岸に渡れというのが「到彼岸」です。

なぜ渡らないといけないのか？

それは此岸（煩悩の世界）にあっては、問題を究極的には解決できないからです。百人の学生がいて、百人が百人とも優等生になることはできません。みんなが優等生になるように努力してがんばっても、全員が優等生になれない現実があります。

あなたの年収がかりに七百万円だとします。たぶんあなたは、年収一千万円を目標にするでしょう。

だが、もしもあなたの年収が一千万円になれば、あなたはそれに満足しますか？ そうではないでしょう。きっとあなたは、次に一千五百万円を目標にします。そしてその目標が達成されたら、その次には二千万円、三千万円、五千万円、……と、どこまで行ってもあなたに満足はありません。それが欲望の本質です。仏教では、そのような欲望を、

——渇愛（トリシュナー）——

と呼んでいます。ちょうど海に漂流する人に真水がない状態に似ています。たまりかねて彼は海水を一口飲むでしょうが、海水は渇《かわ》きを癒やしてくれません。飲めば飲むほど、渇きがひどくなります。渇愛（欲望）とはそういうものです。わたしたちは此岸にあって欲望を充たすことによっては、欲望の解決はできないのです。だから彼岸（仏の世界）に渡らねばならない。それが『般若心経』の「到彼岸」の教えです。

もっとも、到彼岸といっても、そう簡単にわたしたちは彼岸に渡れません。まあ、太平洋を日本からアメリカまで泳いで渡るようなものだと思ってください。したがっ

て、誰一人泳いで渡ることができないのです。

そこで、仏が建造された大船に乗せてもらって渡してもらう……という考え方も出てきました。それが浄土教の考え方です。しかし、『般若心経』はそうは説きません。『般若心経』は、

――渡らないでいいんだよ。ただね、彼岸のほうから此岸を見てごらん。そうすると、此岸における「生き方」が見えてくるから――

と説いています。これは、

――渡らない渡り方――

と言っていいでしょう。あるいは、彼岸の智慧でもって此岸を見るのだから、

――般若（彼岸の智慧）による到彼岸――

と言ってもいいでしょう。

わたしたちは、これならいっそ死んでしまったほうがましだと考えるほど悩み、苦しみ、悲しむことがあります。でも、多くの人は、一年、二年、三年……五年も十年もすれば、その悩み、苦しみ、悲しみを忘れてしまいます。彼岸から此岸を見るとは、そういうことではないでしょうか。時間の彼岸から見れば、此岸はそのままで美しい

のです。悩み、苦しみ、悲しみの最中にあって、なかなか彼岸から此岸を見ることはできません。しかし『般若心経』はそういう見方を教えてくれていることに気づいてください。そうすると、ほんのちょっとだけ楽になれます。

いや、いま、「楽になれる」と書きましたが、別段、楽になる必要はありません。楽を求めると、よけい苦しくなることがあります。苦しむときは、苦しめばいいのだ！　そう分かるのも般若だと思います。

未完成の完成

先にパーラミター（波羅蜜）には、「完成」の意味があることを言いました。しかしこの完成は、

——未完成の完成——

です。般若（仏の智慧）なんて、われわれ凡夫に完成させることはできませんものね。

だから、わたしたちは失敗してもよいのです。まちがったことをしたと思って、再

びわたしたちは般若・仏の智慧・損するための智慧・目盛りのない智慧のことを考えます。考えるだけでよいのです。この次はまちがわないようにしようと思わないでください。いくらそう思っても、わたしたちはまちがいをしないでいられるはずがないのです。ただ彼岸から此岸を見れば、どう見えるかをちらりと考える。それが未完成の完成です。

＊

以上で〝般若波羅蜜多〟の解説は終わりました。

次は〝心〟です。

これはサンスクリット語の〝フリダヤ〟を訳したもので、「中心」「心髄」の意味です。おもしろいのは〝般若波羅蜜多〟は、サンスクリット語の音を漢字にしたものですが、この〝フリダヤ〟は意訳されています。

＊

同時に、最後の〝経〟〝スートラ〟も意訳です。「経典」の意味です。

玄奘三蔵

ちょっと訳者について触れておきましょう。『般若心経』の訳者は、

唐三蔵法師玄奘《とうさんぞうほうしげんじょう》訳

とありますように、唐時代の玄奘三蔵です。しかし、この〝三蔵法師〟というのは固有名詞でなく、経蔵（経典を納めた蔵《くら》）・律蔵《りつぞう》（戒律に関する文献を納めた蔵）・論蔵《ろんぞう》（哲学的文献を納めた蔵）の三つの蔵に通暁した学者をいいます。玄奘はそういう学者でありました。

彼の時代、中国人は西域の外に出ることを許されませんでしたが、彼は六二九年に独力で長安を出発して、西トルキスタンからアフガニスタンを経てインドに入りました。そして、主として中インドのナーランダー寺院（那爛陀寺《ならんだじ》）において、シーラバドラ（戒賢《かいけん》。五二九―六四五）に師事して学び、のちインドの各地を旅行して、六四

五年に中国に戻りました。中国を出るときはこっそりと密出国でしたが、帰国は華々しく迎えられます。

国家は、玄奘の帰国の年、国立翻訳機関としての翻経院を設け、玄奘はここにおいてさまざまな経典、論書を訳しました。彼の翻訳は原典に忠実であることを目指し、彼以前の翻訳を旧訳《くやく》とし、玄奘の翻訳を新訳として区別されています。

また、彼には旅行記としての『大唐西域記』があり、七世紀前半の中央アジアやインドの風俗・文化・宗教を知る上での貴重な文献になっています。

ちょっと余談になりますが、玄奘のインド旅行をのちにドラマ化したものとして、孫悟空《そんごくう》・沙悟浄《さごじょう》・猪八戒《ちょはっかい》が脇役として活躍する『西遊記』が有名です。

2　観自在菩薩

『般若心経』が言いたいこと

では、本文に入ります。

観自在菩薩《かんじざいぼさつ》。行深般若波羅蜜多時《ぎょうじんはんにゃはらみったじ》。照見五蘊皆空《しょうけんごうんかいくう》。度一切苦厄《どいっさいくやく》。

〔観自在菩薩《かんじざいぼさつ》は、別名を観世音《かんぜおん》菩薩、あるいは観音《かんのん》菩薩といい、一般に〝観音さま〟と呼ばれ親しまれている菩薩（仏に向かって歩む者）です。その観自在菩薩が、かつて般若波羅蜜《はんにゃはらみつ》――仏の智慧の完成――を徹底して実践されましたが、そのとき、肉体も精神もいっさいが「空《くう》」であることを見極められ、それによってあらゆる苦悩、災厄を克服されました〕

『般若心経』は、《観自在菩薩。……》で始まります。すぐ前にも言いましたように、玄奘はわりとサンスクリット語に忠実に〝観自在菩薩〟と訳しましたが、旧訳では

〝観世音菩薩〟（〝世〟の字はしばしば省略されます）と訳されています。たとえば羅《ら》什《じゅう》（正しくは鳩摩羅什《くまらじゅう》。三五〇—四〇九ごろ）が訳した『妙法蓮華経《みょうほうれんげきょう》』（いわゆる『法華経』）がそうなっています。

そして、じつは『般若心経』の言いたいことは、ここに掲げた冒頭の、

《観自在菩薩。……。度一切苦厄》

の二十五文字に尽きます。観自在菩薩が仏の智慧の完成を実践され、すべてが「空」であることを見極められた。そして苦悩、災厄を克服された。だからあなたがたも、仏の智慧を完成させ、苦悩、災厄を克服しなさい。『般若心経』はそう言っているのです。

では、わたしたちはどのようにして仏の智慧を完成させることができるでしょうか？　また、その智慧によって、どのようにして苦悩、災厄を克服することができるでしょうか？

プラス思考ではだめ

じつは、わたしは、昨年（二〇一九年）の二月に脳梗塞を患い、約二か月近くの入院生活を余儀なくされました。最初のころは、ベッドを三十度までしか上げることを許されず（ほとんど水平の状態です）、それで食事をせねばなりませんでした。

その病室のベッドで、暗記していた『般若心経』を繰り返し読み、『般若心経』についてあれこれ考えました。どうしたら般若（仏の智慧）を学び、この病気の状態を克服できるかを考えたのです。

でも、なかなか分からない。いっさいを「空」と見ればよいことまでは分かるのですが、その先が分かりません。

そのとき、ふと頭に浮かんだのが、良寛さん（一七五八―一八三一）の言葉でした。わたしたちは〝良寛さん〟と親しみをこめて呼びますが、彼は大愚良寛といい、曹洞宗の偉い禅僧です。と同時に、彼は歌人でもあり、書家でもありました。しかし、わたしたちには、子どもと手毬をついて遊んだお坊さんとして有名です。

その良寛が、文政十一年（一八二八）に越後の三条を中心に大地震が起きたあと、みずからの無事を報じた音信を友人に出しています。そして、その最後を、

《しかし、災難に逢《あう》時節には、災難に逢がよく候。死ぬ時節には、死ぬがよく候。是ハこれ災難をのがる、妙法にて候。かしこ》

と結んでいます。この言葉を思い出したのです。

災難にあったとき、わたしたちは蜘蛛《くも》の巣に引っかかった虫のごとく、じたばたともがき苦しみます。しかし、そんなことをすれば、よけいに蜘蛛の糸はからまりつき、苦しむはめになります。災難にあえば、災難を災難とあきらめて、無心でいればいい。それが良寛の忠告です。

それはよく分かるのです。だからわたしは、病気を病気とあきらめることにしました。

わたしは、ときどきこんなことを言います。たとえば大学入試に落ちたとき、〈今年合格すれば、あるいは実力不足で大学を中途退学せねばならなくなるかもしれない。あるいは今年合格すれば、同級生に相性の悪い奴がいて、そいつにいじめられるかもしれない。だから仏は、合格は来年まで待ちなさい、と言ってくださっている

のだ〉

と思ったほうがいい、と。それが、ある意味では「プラス思考」です。

そこでわたしは、病気になったことをプラスに考えようとしました。良寛の言う、

《災難に逢がよく候》

です。良寛は「よく」と言っているのだから、病気になったことにメリット〈利点〉があるはずです。そのメリットは何か？　わたしはいろいろ考えたのです。

まずは「死ぬ」よりも「病気」のほうがいいですよね。

でも、それは違います。正直に告白すれば、病院のベッドの上でわたしは思ったのですが、

〈あんがい、あの救急車の中で死んでしまったほうが、楽だったのに……〉

でした。プラス思考をしようとしても、そして、仏の慈悲を思っても、なかなか病気のメリットは見つかりませんでした。

それはそうですよね。プラス思考というものは、やはり目盛りのある物差しで測っているのです。それは仏の物差しではありません。

——「空」というのはプラス思考ではない——

たったそれだけの結論を得て、わたしは退院しました。

あるがままに見る

そのあと、本書の準備をしているとき、わたしは安田理深《りじん》（一九〇〇―八二）のことを思い出しました。浄土真宗大谷派の学者です。彼のことは前にも語ったことがありますが、そのときは『般若心経』と結びつけて考えたことはありませんでした。

彼の居宅は、昭和四十八年（一九七三）に、隣家からの貰い火で全焼しました。学者が火事にあうと惨めです。おびただしい蔵書はもとより、研究論文やノートがすべて灰燼《かいじん》に帰してしまいました。

それで彼は、隣家に復讐してやりたいと考えます。隣の人に、自分の大事なものを、

――焼かれた――

と思い、なんとか復讐する方法はないかと考えます。当然のことですね。

しかし、安田は仏教学者です。仏教を学んでいる人間が復讐を考えるなんてとんでもないと思い、そこで隣家の人を許そうとします。それで彼は、自分の家は自分で、

——焼いた——

のだと考えようとしました。これは一種のプラス思考です。

でも、自分で焼いたと思おうとしても、それは事実と違うのだから、なかなかそうは思えません。

そこで安田は、最後に思いいたりました。あれは、

——焼けた——

のだと。「焼かれた」のでもなく、「焼いた」のでもありません。ただ「焼けた」のです。つまり、事実を事実として、淡々と受けとめようとしたのです。

そうして静かにお念仏を称《とな》えているうちに、彼の心は落ち着きを得たそうです。

これが「空」の見方です。あるいは般若（仏の智慧）による見方です。

仏教では、

——如実知見——

ということを言います。〝如実〟（サンスクリット語で〝ヤター・タター〟）とは、「あるがまま」「その如く」の意味です。病気になれば、ただ病気になっただけ。にもかかわらずわたしたちは、病気になれば、〈なぜわたしは病気になったのか⁉〉〈早く

病気が治ってほしい〉と、あれこれ考えて悩みます。それは、病気をあるがままに見ていないのです。

プラパンチャ

これは『般若心経』には出てきませんが、サンスクリット語に、

――プラパンチャ――

といった言葉があります。漢訳仏典には〝戯論《けろん》〟と訳されますが、どうにも分かりにくい訳です。

原語は「複雑化」といった意味です。

われわれは、すぐに物事を複雑化して考えます。ただ家が焼けただけなのに、〈焼かれた〉と思うから、復讐を考えたりして、話がややこしくなるのです。

幼いわが子が死んでしまった。そうすると母親は、〈なぜにわが子は死んだのか⁉〉〈なんとかして生き返らせたい……〉と思うから、話が複雑化するのです。

「どなたか、この児の生き返る薬をください」

わが子の死体を抱きつつ、そう泣き叫ぶ女性がいました。しかし、誰もどうすることもできません。

そこに釈迦世尊が来られ、

「女よ、わたしがその薬をつくってあげよう」

と言われました。そして、これまで一人の死者も出したことのない家から、からし種を貰って来るように……と指示されました。

女は、死者を出したことのない家を探して、歩き回ります。でも、どの家も死者を出しています。

しばらく歩き回って、女は気がつきます。

〈そうだ、誰もが親族と死別するという悲しみとともに生きているのだ！〉

そういう話が、初期仏教の仏典（『ダンマパダ・アッタカター』）に出てきます。女は、わが子の死を複雑化することをやめたのです。わが子はただ死んだだけです。それが分かって、女は救われました。

救われたといっても、悲しみがなくなったわけではありません。悲しいことは悲しいことです。悲しいときは、ただ悲しめばいい。それがプラパンチャしないことです。

道元の不戯論

わが国、曹洞宗の開祖の道元（一二〇〇—五三）が、『正法眼蔵』の「八大人覚《はちだいにんがく》」の巻で次のように言っています。

《八つには不戯論《ふけろん》。証して分別を離るるを、不戯論と名づく。実相を究尽す。乃ち不戯論なり》

〔第八は「不戯論《ふけろん》」。悟りを開いて分別を離れるのを戯論（無益な議論）を離れるという。事物のあるがままの姿を究め尽すのが不戯論である〕

この「八大人覚」の巻において、道元は、菩薩（仏教の求道者）が実践すべき八つの徳目を論じています。その最後の徳目がこの「不戯論」です。物事を複雑にせず、あるがまま、単純そのままに受け取ることです。

ここで道元は、ちょっとおもしろいことを言っています。それは、

《分別を離るるを、不戯論と名づく》

とあることです。

わたしたちは、分別のあることがいいことだと思っています。「あいつは無分別な奴だ」というのは、あとさきを考えず、軽率なふるまいをする人間を言います。ところが、仏教では、分別はあまり褒められません。むしろ無分別であることが称讃されます。

プロローグで述べたことを思い出してください。物差しの問題を論じましたね。じつはわれわれは、世間一般に通用する物差しを使って、物事を分別しているのです。だから、世間の物差しを無視して、自分勝手な行動をすれば、「分別がない」として非難されます。

それに対して、無分別というのは、仏の物差しを使うことです。既述のように、仏の物差しは目盛りのない物差しです。目盛りがないのだから、事物を測ることはできません。したがって、無分別は事物を測らないのです。病気になれば、ただ病気になっただけ。貧乏であれば、ただ貧しいだけです。物事をあるがまま、ただそのまんま受け取る。それが不戯論です。物事を複雑化しないことだ。道元はそう言っているのです。

なかなかユニークな考え方ではありませんか。

「莫妄想」

要するに『般若心経』の言っていることは、物事をあまり深刻に考えるな！　ということです。それが般若（仏の智慧）ですから、これならわたしたちも実践できそうです。

――「空」――
――「般若」――
――如実知見――
――あるがままに受け取れ！――
――無分別のすすめ――
――不戯論――
だとか、言っていることはむずかしそうですが、つまるところは、
――下らぬことは考えるな！――
に尽きそうです。

そういえば、中国の唐時代の禅僧に無業《むごう》がいます。彼は馬祖道一《ばそどういつ》（七〇九―七八八）の門下で、生涯、誰が何を尋ねても、

――莫妄想《まくもうぞう》――

だけを答えたそうです。〝莫妄想〟とは、「妄想する莫《なか》れ！」の意味で、人間がいくら考えても分からないことを考えるのが妄想です。

人間に、未来がどうなるかは分かりません。気象学者や経済学者は、未来をあれこれ予測しますが、それは職業だからそうするのです。しかし、わたしたちは、考えて分からないことは考えないほうがいいのです。つまるところ、

――分からないことは、分からないことだと、分かることが分かること――

です。それさえ分かれば、『般若心経』の教えが半分、分かったことになります。

まあ、もっとも、分かっていてもあれこれ迷い、妄想するのが人間の性《さが》ですがね。

3　舎利子よ……

からかわれている舎利子

いよいよ聞き手である舎利弗《しゃりほつ》が登場します。いま〝舎利弗〟と表記しましたが、これは旧訳によるものです。『般若心経』の玄奘は、

――舎利子《しゃりし》

と訳しています。サンスクリット語では〝シャーリプトラ〟です。〝プトラ〟は「子」の意味ですから、玄奘は「シャーリの子」と訳したのです。〝弗《ほつ》〟は音訳です。

舎利子《しゃりし》。色不異空《しきふいくう》。空不異色《くうふいしき》。色即是空《しきそくぜくう》。空即是色《くうそくぜしき》。受想行識《じゅそうぎょうしき》。亦復如是《やくぶにょぜ》。

〔舎利子よ。

身体は「空」にほかならず、「空」が身体にほかならないのです。身体がすなわち「空」であり、「空」がすなわち身体です。感じたり、知ったり、意欲したり、判断したりする精神のはたらきも、これまた「空」なのです〕

舎利子（シャーリプトラ、舎利弗）は、釈迦の十大弟子の一人で、「智慧第一の舎利弗」と評されています。すごく怜悧で、ときどきは釈迦に代って説法をしたこともあるぐらいです。

歴史上の人物としては舎利子は優秀でしたが、大乗経典となると、舎利子はからかいの対象となります。大乗仏教からすれば、小乗仏教の優等生も、

「おまえさんは、釈迦の本当の精神が分かっとらんなあ……」

となるのです。

このあと『般若心経』は、

――五蘊・十二処・十八界・十二縁起・四諦――

といった術語を並べていますが、いくらそんな知識があっても、いざとなったら迷い、苦しみ、じたばたするものです。たとえばわが子が学校でいじめられたり、不登校になったり、自分が病気になったり、配偶者が浮気をしたり不倫をしたとき、どうしていいか分からなくなります。舎利子がいくら智慧第一でも、そんな小乗仏教の智慧ではだめなんです。大乗仏教の智慧――『般若心経』の智慧――でなければなりま

せん。そこで舎利子は、大乗仏教の経典では、「おまえはだめだ」となるのです。

たとえば『維摩経《ゆいまぎょう》』がそうです。

『維摩経』は最初期の大乗経典ですが、そこでは舎利弗が主人公の維摩居士から叱られてばかりいます。また、天女と舎利弗が問答をし、天女があまりにも深遠な大乗仏教の教理を説くものだから、舎利弗が、

「惜しい！　あなたほどのすばらしい人が、どうして男性に生まれなかったのですか⁉」

と、讃辞ともつかない、軽蔑ともつかない、男女差別にもとづいた発言をします。すると天女は、すぐさま舎利弗を女性に変身させ、こっぴどくからかっています。これは、小乗仏教が表面的な現象形態――出家か／在家か、男性か／女性か、健康か／病気か――にこだわっている愚を指摘したものです。なお、『維摩経』については、ひろさちや著『ひろさちやの『維摩経』講話』（春秋社。二〇一二）があるので、興味のある人はそれを読んでください。

それから、ここらあたりの記述では、〝舎利子〟と〝舎利弗〟が混在していますが、以後、〝舎利子〟に統一します。

舎利子は小学生としては優等生

釈迦世尊は、「舎利子よ……」と呼びかけられました。何のために？　それは、小乗仏教で育った舎利子に、これまで彼が聞いたこともない大乗仏教の教えを説いて聞かせるためです。

しかし、読者は勘違いをしないでください。わたしがいま、ここで述べていることは、歴史的事実ではありません。歴史的事実としては、釈迦は紀元前五六六年―四八六年ごろの人で、大乗仏教の発祥は紀元後一世紀です。いずれも多数の異説がありますが、大乗仏教は釈迦の入滅後五百年ほどしてインドに発祥した宗教であることにまちがいはありません。

けれども、大乗仏教徒は、すべての大乗経典を釈迦が説いたと信じています。

そうすると釈迦は、自分が若いころに説いた小乗仏教の教理をすべて御破算にして、晩年になって究極の真理である大乗仏教を説いた――となるのです。かといって、小乗仏教の教えはまちがいではありません。ちょうど小学生相手には、小学生相手の教えしか説けなかったのです。舎利子は小学生レベルとしては優等生ですが、大学院生レベルとしては、何も分かっていないことになります。『般若心経』は、そういう立場（まさしくフィクション的です）に立って、釈迦は舎利子に大乗仏教の「空」の理論を説かれています。

それが、「舎利子よ……」と呼びかけられた意味です。すなわち、舎利子に向かって、

——あなたは、小乗仏教の教理にこだわってはならない。小乗仏教の教理を全部払拭しないと、大乗仏教の真髄は分からないよ——

と注意されたのだと思ってください。『般若心経』をそういうふうに読まないと、われわれは本当の意味で『般若心経』を読んだことにはならないのです。

肉体も精神も「空」だ

そこで釈迦は、舎利子に向かって、まず大乗仏教の真髄である、

——「空」——

の考え方を説かれます。再度、記します。

——舎利子よ、身体は「空」にほかならず、「空」が身体にほかならないのです。身体がすなわち「空」であり、「空」がすなわち身体です。感じたり、知ったり、意欲したり、判断したりする精神のはたらきも、これまた「空」なのです——

なんだかややこしい言い方をしていますが、〝不異（ほかならず）〟と〝即是（すなわち）〟は、ともに「AはBである」ということです。ところが、「AはBである」と言うと同時に、「BはAである」と言っています。どうして同じことを繰り返すのかと、われわれは疑問に思いますが、この二つを繰り返しておかないと、「AイコールB」にならないからです。

なんだかややこしい論理学の話になりますが、たとえば「人間は動物である」と言っただけで、「人間イコール動物」とはなりません。すなわち、「動物は人間である」とはならないのです。

それに対して、「日本の首都は東京である」と、「東京は日本の首都である」とがともに成り立ちますから、「東京イコール日本の首都」となるのです。

まあ、ともあれ『般若心経』は、

――われわれの身体はイコール「空」だ――
――われわれの精神のはたらきもイコール「空」だ――
と言っています。肉体も精神も、すべてが「空」なんです。それが分かれば『般若心経』が分かったことになります。

肉体の変化

「空」だということは、固定的、実体的なものはないということです。ここにあるガラスのコップだって、割れてしまえばコップでなくなります。いや、物理学者に教わったのですが、ガラスの分子はそれほどしっかりと結合しているわけではなく、一万年もすれば溶けてどろどろになるそうです。

チョコレートなんか、すぐにべたべたになりますね。

わたしたちの肉体もそれと同じで、すぐに状態が変化します。そして、その状態の変化を自分勝手な物差しで測っているのです。

老人が老いること（本当は、老いた結果老人になるのですが）は、マイナス・イメージで捉えられます。いやなことなんです。

ところが、赤ん坊の成長は、親にとっての喜びなんです。

「老いる」ことも「成長」も、現象の変化そのものとしてはあまり違いはないのに、物差しが違ってくるから、プラスになったりマイナスになったりするのです。

ちょっと話が変わりますが、わたしたちは子どものころから、「世の中の役に立つ人間になりなさい」と教わってきました。世間の物差しでは、世の中の役に立つ人間と役に立たない人間がいるわけです。そして、その世間の物差しに準拠して、老化がマイナス価値と捉えられます。老いれば働けなくなるからです。

でも、本当に世の中の役に立つ人間とは、どういう人でしょうか？

なるほど、医師は世の中の役に立っています。もっとも、医者のうちにはいないほうがましな人間もいますが……。しかし、患者がいなければ、医師は食っていけないわけです。だとすると、医者よりも病人のほうがもっと世の中の役に立っているわけです。そう思いませんか。

そして、ここまで言えば、きっと読者の顔を顰《しか》めさせることになりますが、世の中に犯罪者が一人もいなければ、警察官・検察官・裁判官・弁護士は生計の途《みち》を失うわけです。彼らが生きていけるのも、犯罪者のおかげということになりませんか。もちろん、わたしはあなたに犯罪者になれ！　と言っているのではありません。そんな早合点はしないでください。

それから、キリスト教のイエスが、犯罪者として死刑になっています。古代ギリシアのソクラテス（前四七〇—前三九九）がやはり死刑になっています。日本でいえば、法然（一一三三—一二一二）、親鸞（一一七三—一二六二）、日蓮（一二二二—八二）が流罪になっています。その時代、その時代の法律によって、人々は犯罪者とされるのです。犯罪者イコール悪人ではありません。世間の物差しだけで考えてはいけません。

「短気」が存在するわけではない

われわれの心（精神）だって同じです。「空」なんです。ころころ、ころころ変わるもので〝心〟というのだという解釈もあります。実体なんてありません。

江戸時代の臨済宗の禅僧に盤珪《ばんけい》（一六二二—九三）がいます。

『盤珪禅師法話集』によると、ある日、彼のところに人が来て、

「自分は生れ付きの短気である。それを直そうとするのだが、生れ付きだからなかなか直せない。どうしたらよいか?」

と問います。それに対する盤珪の応答が愉快です。

《そなたは面白い物を生れ付かれたの。今も短気がござるか、あらば爰《ここ》へ出さしゃれ、直して進ぜよう》

《唯今はござりませぬ。何とぞ致しました時に、ひょっと短気が出まする》

《然らば、短気は生れ付きではござらぬわ。何とぞした時、縁によってひょっと、そなたが出かすわいの。何とぞした時も我《わ》が出かさぬに、どこに短気があるものぞ。そなたが出かしておいて、それを生れ付きといふは、親に難題を云ひ掛くる、大不孝の人といふものでござる。人々皆親の産み付けてたもったは仏心一つで、余の物は一つも産み付けはさしゃりませせぬ》

盤珪は、『般若心経』の言いたいことを、うまく話してくれています。

もともと、心に実体はないのです。ましてや「短気」というものが存在するわけがありません。「短気」があると思って、その短気を消滅させようとするのは、ちょう

ど呪文を唱えて幽霊を消そうとするようなものです。呪文を唱えれば唱えるほど、ますます幽霊が確固とした存在になります。

短気も幽霊も、いやあらゆるものが何かの縁によって出てくるものです。

絵の中の虎を縛る

とすると、「短気」が出てきたときに、その「短気」にうまく対応すればいいのです。

頓智《とんち》の一休さんに、こんな話があります。

一休（一三九四―一四八一）は、室町時代の臨済宗の禅僧です。彼自身、数々の奇行で有名ですが、現代に伝わる「一休咄《ばなし》」のほとんどが、江戸時代になって彼に仮託して創られたものです。次の話も、たぶん後世の創り話でしょう。

あるとき、一休さんは、足利三代将軍義満公（一三五八―一四〇八）の御前に召し出されました。神童の誉れの高い一休さんの評判を聞いた将軍が、その実力を試そうとして呼び出したのです。

「じつはなあ、そこにある屏風《びょうぶ》に描かれている虎が、毎夜、外に出ていたずらばかりするので困っておる。そのほう、ひとつ虎を縛ってくれぬか……」

　そうすると一休さんは、怖《お》めず臆《おく》せず、鉢巻をし、縄を用意してもらって、屏風の前に身構えます。

「さあ、わたしが縛りますから、将軍さま、どうか虎を追い出してください」

「これこれ、馬鹿なことを言ってはいかん。絵に描いた虎を追い出せるわけがないではないか」

「将軍さまが追い出せないのでしたら、わたくしには縛ることができません」

　きっと将軍は、一休さんに「ぎゃふん」と言わされたのに違いありません。

　わたしたちは、前もって短気をなくそうとする必要はありません。

　短気が出てきたとき、そのときうまく対応すればいいのです。でも、たいていは、短気が出てきたとき、あわてふためき、よけいに悪い方向に流れて行きます。それも凡夫だから仕方がないのでしょうか。

　それでも、すべては「空」であって、短気といった実体なんてないということを知っているだけでいいのです。わたしはそう考えています。そのうちに、少しは気分が楽になれるでしょう。

4　小乗仏教はだめ

これまでの教えの全否定

『般若心経』は、ここでもう一度、

《舎利子よ……》

といった呼び掛けがなされています。じつは釈迦世尊の舎利子に対する説法は、このあと『般若心経』の最後まで続いています。しかし、まあ、わたしたちは少しずつ段落に分けて読んでみましょう。といっても、最初の段落は相当に長いものになっています。

舎利子《しゃりし》。是諸法空相《ぜしょほうくうそう》。不生不滅《ふしょうふめつ》。不垢不浄《ふくふじょう》。不増不減《ふぞうふげん》。是故空中無色《ぜこくうちゅうむしき》。無受《むじゅ》想行識《そうぎょうしき》。無眼耳鼻舌身意《むげんにびぜっしんい》。無色声香味触法《むしきしょうこうみそくほう》。無眼界《むげんかい》。乃至無意識界《ないしむいしきかい》。無無明《むむみょう》。亦無無明尽《やくむむみょうじん》。乃至無老死《ないしむろうし》。亦無老死尽《やくむろうしじん》。無苦集滅道《むくしゅうめつどう》。無智亦無得《むちやくむとく》。以無所得故《いむしょとくこ》。

現代語訳でも述べましたが、繰り返し説明します。

〔舎利子よ――。

宇宙の森羅万象すべてが「空」なるあり方をしていますから、生じたり／滅したりすることはなく、きれい／汚いもなく、増えもせず／減りもしないのです。

これまでの伝統的な仏教（いわゆる小乗仏教）では、

五蘊《ごうん》（五つの集まり）……色蘊《しきうん》（肉体の集まり）・受蘊《じゅうん》（感受作用）・想蘊《そううん》（表象作用）・行蘊《ぎょううん》（意志作用）・識蘊《しきうん》（認識作用）、

六根《こん》（六つの感覚器官）……眼《げん》根・耳《に》根・鼻《び》根・舌《ぜっ》根・身《しん》根・意《い》根、

六境《きょう》（六つの対象領域）……色《しき》境・声《しょう》境・香《こう》境・味《み》境・触《そっ》境・法《ほう》境、

十八界《かい》（六根と六境との接触によって生じる六つの認識世界をすべて合わせたもの）……眼識《げんしき》界・耳識《にしき》界・鼻識《びしき》界・舌識《ぜっしき》界・身識《しんしき》界・意識《いしき》界、

によって世界を説明していますが、「空」の中にはそんなものはありません。

また、小乗仏教では、老死《ろうし》といった人間の苦悩が生じる原因は、無明《むみょう》といった人間の根源的迷妄にあるとし、その無明をなくすことによって老死といった苦悩もなくなると教えています。これが十二縁起《えんぎ》と呼ばれる小乗仏教の基本教理ですが、いっさいは「空」なのですから、「空」の中にそんな無明だとか老死といったものはありません。そんなものにこだわる必要はないのです。

さらに小乗仏教には、四諦《したい》という教理体系があります。四諦とは「四つの真理」であって、

1　苦諦《くたい》……人間の生存は苦であるという真理、

2　集諦《じったい》……苦の原因はわれわれの欲望・煩悩・執着にあるという真理、

3　滅諦《めったい》……その原因である欲望・煩悩・執着を滅することによって、理想の状態に到達することができるという真理、

4　道諦《どうたい》……そのための方法である八正道と呼ばれる、八つの実践に関する真理、

のことです。けれども、このような四諦にこだわることもないのです。

そしてまた、智慧もなく悟りもありません。大乗仏教では、悟りに到達しても、その悟りに執着し、こだわることがないからです」

ここでは、大乗仏教の立場に立脚して、それまでの教え——小乗仏教の教え——がまったく否定されています。

小乗仏教とは何か？

ここでちょっと小乗仏教について解説しておきます。

いったい小乗仏教とは何か？　どうも学者によって、その定義は混乱しているようです。『般若心経』を理解するために必要な範囲で、仏教の歴史を瞥見《べっけん》しておきます。

まず最初に、歴史的人物である釈迦世尊が小乗仏教を説かれたのではありません。釈迦の入滅は紀元前四八六年ごろ（異説があります）とされていますが、小乗仏教の発祥はずっとあとです。釈迦が説かれた仏教を、根本仏教と呼んでおきましょう。

仏教の歴史が大きく変わるのは、アショーカ王（在位前二六八―二三二ごろ）の登場によってです。

彼は、マウリヤ王朝第三代の王ですが、古代インドの統一大国家の偉業を成し遂げました。そして仏教教団に荘園を寄進し、インドのあちこちにストゥーパを建立し、その維持のための荘園も寄進しました。ストゥーパとは、仏の遺骨を納めた塔です。

じつは、このストゥーパから、のちに大乗仏教が興起します。反対意見もあるのですが、教理・教学の面は別にして、民衆を巻き込んだ宗教運動としては、ストゥーパから大乗仏教が興起したと考えるべきでしょう。

それから、アショーカ王が仏教教団に荘園を寄進したことによって、仏教教団が大きく変わります。というのは、根本仏教（釈迦の仏教）以来、出家者たちは基本的に遊行生活をしていたのですが、荘園が寄進されると出家者たちは托鉢の必要がなくなり、定住生活をするようになりました。大勢の出家者たちが共同生活を始めたのです。もちろん、定住生活をしない出家者もいましたが、大部分の出家者たちは定住生活をしたのです。

細かいことは端折《はしお》りますが、出家者たちが定住して団体生活を始めたことによって、仏教の教理・教学が発達したのです。『般若心経』が批判しているように、

——十二処（六根と六境）・十八界・十二縁起……——

といった、根本仏教では説かれなかった煩瑣な教学体系が出来たのです。

だから『般若心経』は、そんなものは無意味だよ。そんな教理・教学を学んだところで、わたしたちの人生の問題はちっとも解決できないのだ、と、小乗仏教の徒を叱りつけているのです。

十二縁起について

ということで、ここに出てくる小乗仏教の教理――それは「無……。無……。無……。」といったかたちで出てきます――は、すべて無視していいのです。なにせ『般若心経』は、そんなものに意味はない、そんなものを学んだって無駄だ、と言っているのですから……。

しかし、そんなことを言うのは、おまえが小乗仏教の教理を知らないで、解説できないから端折《はしお》るのだろう……と邪推されそうですから、一つだけ十二縁起（十二因縁ともいいます）を例に挙げておきます。読者は、この部分は軽く読み流しにしてくださってかまいません。

これはまったく、小乗仏教はこんな馬鹿馬鹿しい議論をしていると、例にしただけなんです。

さて、十二縁起は、あたりまえの話ですが、十二の項目から成ります。

1　無明《むみょう》……根源的な無知。

2　行《ぎょう》……潜在的形成力。
3　識《しき》……識別作用。
4　名色《みょうしき》……名称と形態。
5　六処《ろくしょ》（六入《ろくにゅう》ともいう）……眼・耳・鼻・舌・身・意の六つの感覚器官。
6　触《そく》……接触。
7　受《じゅ》……感受作用。
8　愛《あい》……渇愛、妄執。
9　取《しゅ》……執着。
10　有《う》……生存。
11　生《しょう》……生まれること。
12　老死《ろうし》……老い死にゆくこと。

以上は『岩波仏教辞典』の解説によったものですが、こんな説明を読んでも、いっこうにピンときません。ともかくこれは、なぜ老死――これは人間生存の苦しみです――があるかの説明に、

無明があるから行があり、行があるから識があり……生（この世に誕生すること）

があるから老死がある。

と説明したものです。そして、これを逆にして、

無明が尽きれば行が尽き、行が尽きれば識が尽き……生が尽きれば老死が尽きる。

といったふうに展開します。小乗仏教の出家者たちは、荘園からの上がりによって生活していて、暇なもので、こんなことを考え、また暗記したのでしょう。

それから、こんな説明もあります。『阿毘達磨倶舎論《あびだつまくしゃろん》』に出てくるものですが、まず母胎に宿った瞬間が「識」です。そして胎児は母胎内で成長しますが、第一週目から第四週目までの状態を「名色」といいます。この段階の胎児は、まだ人間らしい働きをしていないので、名色（名称と形態）と呼んだのでしょう。

さらに第五週目から出産までが「六処」です。この段階になると、胎児に眼・耳・鼻・舌などの感覚器官が発達するので、こう呼ばれたのでしょう。

「触」は、母胎から出産した赤ん坊が、外界と接触する段階です。

その次の「受」は、五、六歳以降十三、四歳までの段階で、苦楽の感受作用を起こすのでこう名づけられています。

……と、いろいろに説明されていますが、どう考えたって釈迦がこんなことを説か

れたわけがありません。後世の暇人があれこれ考えたものに違いないのです。ですから、釈迦が説いた根本仏教を、後世の暇人が歪めて説いたものを小乗仏教と呼びます。そして『般若心経』は、そんな小乗仏教を馬鹿にしているのです。

ともかく、小乗仏教の教理・教学は学ぶ必要がありません。そのことだけはよく銘記しておいてください。

「四諦」の小乗仏教的解釈

ただし、「四諦」の教えだけは、わたしたちはこれを無視してはなりません。『般若心経』は、

《無苦集滅道》

と言っていますが、この「苦集滅道」——つまり四諦——に関しては、わたしは、これを大乗仏教的に解釈できると思っています。

われわれは、これまで四諦を小乗仏教的な解釈によって教わってきました。どういう解釈かといえば、次のようなものです。

1　苦諦……苦に関する真理。〝諦〟はサンスクリット語の〝サトヤ〟を意訳したもので、「真理」の意味です。〝四苦八苦〟という言葉があるように、人間の生存そのものが苦なんです。

a　生苦……生まれることが苦である。

b　老苦……老いることが苦である。

c　病苦……病気になることが苦である。

d　死苦……死ぬことが苦である。

e　愛別離苦《あいべつりく》……愛する者との別離が苦である。

f　怨憎会苦《おんぞうえく》……逆に、怨み、憎む者に会わねばならぬ苦がある。

g　求不得苦《ぐふとくく》……物質的なものであれ、地位や名誉といった精神的なものであれ、求めるものが得られないのは苦である。

h　五蘊盛苦《ごうんじょうく》……肉体も精神も、人間そのものの存在が苦である。

の八つの苦を説いています。

そうするとわれわれは、人生には楽しいこともあるのに、なぜ苦ばかりを強調するのか。仏教はいささか悲観論ではないかと思ってしまいます。まあ、しかし、いくら楽しいことがあっても、最後には人間は死ぬのだから——人間の死亡率は一〇〇パーセントです——結局は苦になるのですね。

2　集諦《じったい》……苦の原因に関する真理。

では、なぜ人間の存在が苦になるのかといえば、その原因は欲望です。われわれには、老いたくない（いつまでも若くありたい）という欲望があり、病気になりたくないという欲望があり、病気になれば、早く治ってほしいという欲望があります。もちろん、死にたくないという欲望があります。その欲望によって、われわれは苦しむはめになります。

3　滅諦《めったい》……苦の原因の滅に関する真理。

では、どうすればよいか？　簡単です。欲望をなくせば、苦はなくなります。

ここでちょっと批判を加えておきます。論理学で習ったように、「風が吹けば花が散る」が正しいとします。しかし、では「風が吹かなければ花は散らない」かといえば、そうではありません。人が樹をゆさゆさと揺すれば花は散ります。だとすれば、「欲望があるから人は苦しむ」は正しいとしても、「欲望がなければ人は苦しまない」は正しくないのです。

それに、花が散ったあと、どうしたらその花弁《はなびら》は元に戻るでしょうか？　花弁が元に戻るわけがありません。浮気をして離婚寸前になり苦しんでいる夫婦は、どうしたらその苦を滅することが出来るでしょうか？

小乗仏教の学者は、このあたりのところをごまかしていますよね。

4　道諦《どうたい》……苦の原因の滅の方法に関する真理。

その方法としては、「八正道」（八つの正しい実践）が説かれています。忘れないでください。わたしは小乗仏教の教理を解説しているのです。これは大乗仏教の教えではありません。

a　正見……正しいものの見方です。欲望に狂った目で見れば、ものは歪んで見えます。〈あいつは怪《け》しからん奴だ〉と思って見れば、その人の行動のすべてが悪意のあるものに見えます。だから物事を、正しく見なければなりません。これがまず基本になります。

b　正思……正しい思惟《しい》です。

c　正語……正しい言葉です。わたしは思うんですが、戦後日本の出発点において、戦争に負けたことを〝終戦〟と呼びました。あれはまちがいなく敗戦です。敗戦だとすれば、誰の責任か、と追及がなされたはずです。そういう責任を曖昧にしたもので、戦後の日本では責任者が責任をとらなくなりました。

また、〝公害〟といった言葉もおかしいですね。あれは私企業の営利活動に伴って生じる生活環境の破壊です。だから〝私害〟と呼ぶべきです。

d　正業……正しい行為です。

e　正命……正しい日常生活です。

f　正精進《しょうじん》……正しい努力です。日本人は、「がんばれ！　がんばれ！」と言って、自己の利益を増大させるために、他人に迷惑をかけることを厭《いと》いません。でも、そんな努力は正精進ではありません。わたしは、正精進とは、のんびり、ゆったり、ほどほどに努力することだと思います。そうしていると、周囲の人々に対する思いやりがなされるようになるからです。だから、「がんばらない」ことが正精進です。

g　正念……正しい気持ちを持つことです。

h　正定《じょう》……精神を正しく集中させることです。あまり思い詰めるのもよくないのです。むしろ、精神をゆったりと解放したほうがよさそうです。

この八正道の解釈には、わたしはだいぶ大乗仏教的解釈を導入しました。小乗仏教的には、もっと厳格な実践が要求されています。

苦も楽も、すべては「空」

では、大乗仏教的には、「四諦」をどのように解釈すべきでしょうか？　まず、

1　苦諦。

から考察しましょう。

大乗仏教では、「煩悩即菩提《ぼんのうそくぼだい》」（煩悩がそのまま悟りである）と言ったり、「生死即《しょうじそく》涅槃《ねはん》」（迷いの世界がそのまま静けさの境地である）と言って、対極にある二つの概念を〝即〟で結び付けます。しかし、この場合の〝即〟を「イコール」の意味だと受け取るのは危険です。煩悩は菩提（悟り）ではないし、生死（迷い）は涅槃ではありません。

では〝即〟とはどういう意味でしょうか？

わたしたちは、もともと一つのものをわざわざ二つに分けて考える癖があります。

これは頓智の一休さんの話ですが、人から、

「坊や、父と母と、どちらが大事だと思う？」

と尋ねられたとき、持っていた煎餅《せんべい》を二つに割って、

「おじさん、このお煎餅、左と右とどちらがおいしい？」

と尋ね返しました。お煎餅はもともと一つです。それを二つに分けて、「どちらが……？」と問う態度がいけないのです。父母、つまり両親はもともと一つのものです。それを父と母と二つに分けて考える態度がよくないのです。前にも述べましたが、そのような態度を「分別《ふんべつ》」といいます。そして大乗仏教は、われわれに「無分別智」――分別するな！――を教えています。


同様に、ここが大事なところですが、苦と楽はもともと一つのものなんです。たとえば、プロ野球の選手がハードな練習をする。それは苦しいといえば苦しいでしょうが、同時にそれが楽しいのです。そういう意味で、「苦即楽」と言えるでしょう。したがってわれわれは、わざわざ苦と楽を分別しないほうがよいのです。大乗仏教はそう考えます。小乗仏教は「人生は苦である」と言いますが、わざわざ「苦」を実体視し、固定化しておいて、そしてそれを撲滅《ぼくめつ》しようとする態度をとります。『般若心経』はそのような小乗仏教の態度を叱っているのです。

——苦も楽も、すべては「空」なんだよ——

と、『般若心経』は言っているのです。

思うがままにならないこと

だとすると、わたしたちはもう少し「苦」の意味を再考したほうがよさそうです。じつは漢訳仏典で〝苦〟と訳されている語は、サンスクリット語の〝ドゥフカ〟なんですが、その意味は、むしろ、

——思うがままにならないこと——

なんです。世の中には、「思うがままになること」と「思うがままにならないこと」があります。たとえば、学校の成績を良くしたいと思えば、勉強すればいいのですから、ある程度は思うがままになります。しかし、クラスの中で一番になろうとしても、自分より頭のいい者がいれば、まずは一番になれません。このように他人との関係において決まることは、自分の思うがままになりません。

フランスのモラリストのラ・ブリュイエール（一六四五—九六）が、

《この世では、出世するのに二つの方法しかない。自分自身の努力によるか、それとも他人の愚かさによるか》

と言っています。しかし、これはまちがいです。自分がいくら努力しても、自分より出来のいい人間、あるいは自分よりも運に恵まれた人間がいれば出世できません。要するに他人と関係のある物事は、自分の思うがままにはできないのです。

いや、ちょっと待ってください。わたしはいま、自分で努力しようと思えば、いくらでも努力できるかのように書きましたが、それもまちがっています。わたしなんか、

〈さあ、今日はこの仕事をやるぞ！〉

と思っても、どうしても気が乗らないことがあります。自分の心ひとつさえ、思うがままにならないのです。

だから、すべての物事が思うがままにならないのです。

ところが、にもかかわらずわれわれは、思うがままにならないことを、思うがままにしようとします。そうすると、そこに苦しみが生じるのです。それで、思うがままにならないことを思うがままにしたいと考えることそのものを、漢訳仏典は〝苦〟と訳したのだと思います。

ということは、

――一切皆苦――

なんです。この世の中のあらゆる事物が「苦」です。大乗仏教は「苦諦」をそのように考えます。

因縁は分からない

次にいきましょう。次は、

2　集諦。

です。小乗仏教では、これを、「苦の原因に関する真理」と解釈しましたが、大乗仏教は、

――原因なんて考えるな！――

と解釈します。実際、物事の原因なんて、われわれには分からないのです。分からないものを、いくら考えても分かりません。前にも言ったように、分からないものを分からないと分かるのが、本物の意味での「分かること」です。

幼稚園で、男の子と女の子の二人が喧嘩をしています。新米の先生が仲裁に入ったつもりで、

「どうして喧嘩になったの……?」

と尋ねます。そんな喧嘩の原因なんて、誰にも分かりませんよね。裁判所の裁判官だって、係争する二人の意見をいろいろと聞いて裁定を下すのです。それでもまちがいがあります。

仏教には〝因縁《いんねん》〟という語があります。一般には、「やくざが因縁をつける」といったふうに、「言いがかり」の意味で使われていますが、仏教本来の意味からすれば、これは誤解です。仏教語の〝因縁〟は、まあ、

因は……直接原因

縁は……間接条件

といえばよいでしょうか。

ここに柿の種《たね》があります。種がなければ発芽しませんから、種が発芽の因（直接原因）といってよいでしょう。

しかし、種だけがあっても、それを机の上に置いておいたのでは発芽しません。土

に播《ま》く必要があります。また乾燥した土ではだめですから、適当な水分が必要です。しかし、あまりにも大量の水だと種が流れてしまい、発芽しません。また、温度も適当に高くならないといけません。これらの土、水、温度……といったものが、発芽のための縁（間接条件）になります。

このように、因と縁がととのったとき、結果が生じます。

では、夫婦で喧嘩をしたとして、その因縁は何でしょうか？　どちらかが浮気、不倫をしたり、嫁と姑の不和があったり、子どもが非行をしたり、さまざまな因縁が寄り集まって夫婦喧嘩になるのですから、その因縁は正確には分かりません。

じつは、集諦の〝集〟は、サンスクリット語の〝サムダヤ〟の訳語で、「集まる」という意味です。ある一つの事柄が起きるには、大袈裟に言えば八万四千の因縁があると考えるべきでしょう。あるいはおまけをして八百ぐらいにしておきましょうか。

近年の気象学では、「バタフライ効果」と呼ばれる説があって、

――北京で蝶（バタフライ）がはばたけば、ニューヨークに大風が起きる――

と言われています。ある一つの事象が、まったく関係のない遠くに影響を及ぼすというのです。だとすると、ある事柄の起きた原因（因縁）は何か？　まったくわれわ

れには分かりませんよね。

ともかく大乗仏教は、原因（因縁）なんていくら考えても分からないのだから、そんなものを考えるな！　と教えています。小乗仏教とはまったく違った考え方をしているのです。

コントロールする

小乗仏教は、われわれが苦しむ原因は「欲望」にあるのだから、その「欲望」を滅すればいいことになります。それが、

3　滅諦。

です。しかし、大乗仏教は違います。大乗仏教は「苦」そのものを「空」だと見ます。「苦」なんて、固定的・実体的に存在していないのです。

したがって、大乗仏教では「苦」なんてないのです。たださまざまな因縁によって、その人が「苦」と感じているのです。山登りをして、ある人は苦しいと感じているのに、別の人は楽しく登っています。本人がそれを〈苦しい〉と感じるか、〈楽しい〉

と感じるか、まあ性格の違いといってもよいでしょう。

そうすると、「苦」には原因はありません。

原因がないのだから、それを滅することはできません。

では、どうすればよいのでしょうか？

じつは〝滅〟と訳された原語は、サンスクリット語の〝ニローダ〟です。これは、水路を作って、うまく水を流れさせるようなときに使う言葉です。英語の〝コントロール（制御する）〟に相当します。

わたしたちが怒りに駆られたとき、その怒りを抑え、鎮めることなんてできそうにありません。まして怒りを滅することは不可能です。そうではなくて、その怒りをうまく発散させるのです。

そして忘れてしまうのです。

たいていの怒りは、少し時間がたつと忘れてしまいますね。考えないでいると、いつのまにか忘れるものです。だから、考えないようにすればいいのです。

欲望にしても同じです。〈あれが欲しい〉と思って、われわれはつい衝動買いをしてしまいます。でも、欲しい物のリストを作って、一か月後に買うことにしてごらんなさい。たいていの物は、〈もう要らない〉となってしまいます。これは欲望を滅したのではありません。ただ欲望をうまくコントロールしたのです。

これが『般若心経』の考え方です。

「いい加減」のすすめ

最後に残ったのが、

4　道諦。

です。これは方法（道）に関する真理です。

前述したように、小乗仏教はここで「八正道」を説きます。八つの正しい道です。だが、この「正」という概念が危険です。議論になれば、誰もが〈自分が正しい〉と思ってしまいます。それ故、争いになるのです。

じつは、白川静『字統（普及版）』（平凡社）によると、〝正〟という字は、――〝一〟と〝止〟から成り、この〝一〟は本来〝口〟であって、城郭でかこまれている邑《まち》を意味します。そして〝止〟は、それに向かって進撃し、その邑を征服すること――

です。相手を攻撃し、勝ったほうが正義になるわけです。まさにアメリカが日本の広島と長崎に原爆を落とし、何十万人という市民（非戦闘員）を殺戮しておきながら、アメリカが勝ったもので正義になるわけです。あれは国際法違反の犯罪行為ですよ。テロと呼ぶべきです。

ともかく、正義というものは「勝てば官軍」でしかありません。そんな正義にこだわることはやめましょう。

それ故、大乗仏教は八正道なんて認めません。

では、大乗仏教の方法とは何でしょうか……？

わたしは、それは、

――いい加減――

だと思います。といっても、「いい加減」は中途半端ではありません。風呂の湯加減で考えてください。〈いい湯だな……〉というのは、熱い湯の好きな人には熱い湯が、ぬるい湯の好きな人にはぬるい湯がいい加減なんです。決してぬるま湯がいい加減ではありません。それぞれのいい加減があるのです。

この「いい加減」を、もう少し上品ぶって言えば、

——中道——

になります。釈迦は悟りを開く前に、すさまじいまでの苦行を実践されました。死とすれすれまでの断食行をやられ、釈迦と一緒に修行していた五人の仲間が、

〈この男は死んでしまった〉

と思うほどでした。しかし釈迦は、苦行が極端な道であることに気づかれ、

「われは中道を行く」

と、五人に宣言されたのでした。だが五人は、そんな中途半端なことはやめておけと忠告します。彼らには、釈迦の言われる中道（いい加減）が分からなかったのです。結局は、釈迦は五人と別れて、自分一人になって中道を歩みます。そして悟りに到達したのです。

釈迦が提唱した中道は、人類の宗教史上初めて説かれた実践方法です。それまでの宗教においては、修行といえば苦行にきまっていました。徹底的に自分の肉体を痛めつけることによって、その肉体という殻《から》にとじこめられていた精神を解放する、というのが宗教的修行としての苦行の目的でした。

しかし、釈迦はそのような苦行を否定しました。そして中道を歩んだのです。おそらく釈迦は、そのまま苦行を続けていれば、それなりの悟りに到達したでしょう。けれどもその場合の悟りは、まあ安っぽい悟りでしょう。釈迦は中道を歩んだからこそ、大きくて高度な悟りに到達できたのです。

大乗仏教は、この中道（いい加減）の精神を大事にします。そして『般若心経』は、この中道の精神にもとづいているのです。

もちろん中道は、物事をちゃらんぽらんにやることではありません。それは、あらゆるものにこだわらないことです。そして、人生を、こだわりなく、のんびりと、ゆったりと歩むのです。

それが『般若心経』の教える「道諦」だと思います。

つまりは、八正道なんかにこだわらなくていいのです。何度も言いますが、

――のんびり・ゆったり・ほどほどに――

が、『般若心経』のおすすめだと思います。

智慧や悟りにこだわるな！

この段落の最後に、『般若心経』は、
《無智亦無得。以無所得故》
――そしてまた、智慧もなく悟りもありません。大乗仏教では、悟りに到達しても、その悟りに執着し、こだわることがないからです――
と言っています。ちょっと意外な発言です。

これはどういうことかといえば、わたしたちは日常生活において、ちょっとした智慧、ちょっとした気づき（悟り）を得られることがあります。たとえば他人と喧嘩をして、

〈俺が悪かった〉

と気づき、率直に謝ります。そうすると相手も、

「いやあ、俺のほうもよくなかったよ。ごめんな」

と言ってくれて、わだかまりがなくなった。そうするとあなたは、

〈いかなる場合も、こちらから頭を下げればいいんだ〉と悟るわけです。一つの智慧が得られたわけです。

だが、別の機会に別の相手（同じ相手でもかまいませんが）と喧嘩をして、あなたのほうから謝罪します。ところが相手は許してくれません。

「あとで謝るくらいであれば、最初から気をつけろ！」

と言われ、再び大喧嘩になることだってあります。それはあなたが、ちょっとした智慧、気づきにこだわったからです。

つまりは、どんな場合にもうまく行くやり方、公式なんてないわけです。にもかかわらずわたしたちは、どんな場合にも適応できる智慧や悟りを求めて、仏教を学ぼうとします。

それを『般若心経』は叱っているのです。

それが、智慧や悟りにこだわるな！　ということです。別段、『般若心経』を学んだからといって、あなたが人生の達人になれるわけではありません。失敗ばかりしていいのだ！　わたしはそう思っています。そうすると少しは気が楽になります。もっとも、気が楽になれなくてもかまいはしませんが……。

5　ゆったりと歩む

菩薩は大乗仏教の求道者

〝菩薩《ぼさつ》〟というのは、仏に向かって歩んでいる人をいいます。

サンスクリット語の〝ボーディサットヴァ〟を〝菩提薩埵《ぼだいさった》〟と音訳し、その省略形が〝菩薩〟です。〝菩提〟は「悟り」を意味し、〝薩埵〟は「生けるもの」を意味します。だから人間だけが菩薩ではなく、いかなる生きものも仏を目指して歩んでいるかぎり菩薩です。でも、そのように話をひろげると、話がややこしくなるので、ここでは仏に向かって歩んでいる人間だけを菩薩にしておきます。

ということは、どこまで仏に近づいたか、到達点は問題ではないのです。ただ仏に向かって歩めばいいのです。あなたやわたしのように、ほんの一歩仏に向かっただけでも菩薩であるし、『般若心経』の観自在菩薩（観音菩薩）のようにほとんど仏と同等の実力を持っておられる菩薩もおられます。

わたしは昔、フランスの実存主義作家のボーヴォワール（一九〇八―八六）の『人間について』（青柳瑞穂訳、新潮文庫）を読んでいたとき、

《人は決してどこにも到達しません。出発点しかないのです》

といった言葉に感激し、これぞ「菩薩」の思想であると思いました。出発点しかない存在が菩薩だと思います。

その菩薩について、『般若心経』は次のように述べています。

菩提薩埵《ぼだいさった》。依般若波羅蜜多故《えはんにゃはらみったこ》。心無罣礙《しんむけいげ》。無罣礙故《むけいげこ》。無有恐怖《むうくふ》。遠離一切顛倒夢想《おんりいっさいてんどうむそう》。究竟涅槃《くきょうねはん》。

〈大乗仏教の求道者（菩薩）は、般若波羅蜜（仏の智慧の完成）を実践していますから、その心はなにものにも執着することはないし、こだわりがありません。こだわりがないので、恐怖に怯《おび》えることなく、事物をさかさまに捉えることもなく、心は徹底して平安であります〉

わたしは、〝菩薩〟を大乗仏教の求道者と訳しました。その求道者は、どこにも到達することなく、出発点しかなく、ただひたすらに道を歩む存在です。

では、小乗仏教の人はどうでしょうか？　彼らは「阿羅漢《あらかん》」というゴールを設定しています。阿羅漢は最高位の到達点で、それに到達すればもはやそれ以上学ぶ（修行する）必要のない者とされていました。

そして小乗仏教では、釈迦世尊もまた阿羅漢と考えられていたのです。釈迦の入滅のとき、伝承によるとこの世に五百人の阿羅漢がいたとされていますが、その程度に釈迦は安っぽい存在と見られていたのです。

しかし、大乗仏教の菩薩には到達点がありません。到達点がないというよりも、無限の彼方を目指して歩むのです。どこまでも、どこまでも、歩み続けるのが大乗仏教の特色です。

「自燈明・法燈明」

「でも、どちらの方向に向かって歩めばいいのですか？」

「いずれの方角に向かうにせよ、地球は一周四万キロメートルですよ。そうすると、再び元の地点に戻って来ます。それでいいんですか？」

ある勉強会で、そういう質問を受けました。もっともな質問です。

「いや、地上に目標地点を定めてはいけません。それだと、小乗仏教的にそこが到達点になります」

「では、どこに目標地点を定めるのですか？」

「それは星です。われわれは絶対に星には到達できません。しかし、星を目印にすれば、その星に向かって歩むことができるのです」

そういう説明で、メンバーたちは納得してくれました。

勉強会は月に一回開催していました。しばらくしてわたしは、みんなが勘違いをしていることに気づきました。

みんなは北極星のようなものを考えていたのです。誰もがみんな一つの星を目指して歩む。そのように考えていたわけです。

「それは違うよ。みんな、それぞれが好きな星を目指せばいいんだよ。それが大乗仏教の考え方なんだ」

わたしはそのように言ったのです。

星を目指して歩む――といえば、無限の彼方にあって、永遠に到達できない目標であることは分かっていただけます。しかしそれだけだと、みんなが一つの方向に向かって歩くことになります。

でも、そうではないのです。各自がそれぞれ好きな方向に向かえばいいのです。ある人は北に向かって歩み、別の人は西に向かって進みます。東でも南でもいいのです。各自の自由です。

釈迦は入滅の直前、侍者の阿難（アーナンダ）にこう遺言しています。

《さればアーナンダよ、なんじらはただみずからを燈明とし、みずからを依拠として、他人を依拠とせず、法を燈明とし、法を依拠として、他を依拠とすることなくして住するがよい》（『マハーパリニッバーナ・スッタンタ』増谷文雄訳による）

これが後世において有名な、

――自燈明・法燈明――

の教えとして知られるものです。〝法〟とは釈迦の教えた真理です。われわれはその法を燈明として暗闇を歩くのですが、その前に釈迦は「自分自身」を燈明とせよと教えています。「自分が好きな星」を目指せばいい。他人は関係ないよ。釈迦はそう言ったのです。

大乗仏教は、その釈迦の遺言を受け継いでいます。わたしはそう考えています。

何ものにも執着しない

さて、『般若心経』は、

心無罣礙《しんむけいげ》。

と言っています。〝罣《けい》〟とは「網」のことで、〝礙《げ》〟は「石が邪魔をして足をとめること」です。したがって、「心が網にひっかかってもつれ、石につまずいて転ぶようなことがない」といった意味です。

つまり、「心にわだかまり、こだわりがない」ということです。あるいは「執着しない」といってもよいでしょう。もちろん、菩薩の心です。

わたしたちは、いろんなものに執着しています。地位やポストを高めることに執着したり、収入をよくすることに執着したり、健康に執着しています。世間的には、プラスの目標に対して執着しているのです。もっとも、マイナスの方向に向かって行くことに執着している人もいますが……。

しかし、執着してはいけません。

執着すれば、それにこだわってしまいます。

いや、こだわるからこそ執着になるのですね。

ともかく目標をたててそれに執着すれば、どうしてもそれに早く到達したくなります。そして、他人が気になるのです。〈あいつのほうが、俺より先に出世しやがった〉と、焦りの気持ちが生じます。「自燈明」というのは、他人や世間を気にしないことではありませんか。

わたしたちは自分の人生を生きているのです。

めいめいの目指す方向が違いますから、どちらがより目標に近づいたか、それを測る物差しはありません。〈あいつに負けた〉と思っていた競争相手が失脚して、思わずほくそ笑むことがあります。それも見苦しいですね。わたしたちはそれだけ他人を気にしている（執着）のです。「自燈明」の精神を忘れています。

ですから、わたしたちは、

――のんびり・ゆったり・ほどほどに――

歩いて行けばよいのです。何ものにも執着しないこと。それが大事なことです。そうすると、わたしたちは何ものかに怯えることもなくなります。いや、逆かもしれません。何ものかに怯えることがなくなったからこそ、のんびり、ゆったり、ほどほどに毎日を暮らせるのだと思います。

顚倒するな！

次に行きましょう。ここはちょっとおもしろいところです。

遠離《おんり》一切《いっさい》顚倒《てんどう》夢想《むそう》

〔事物をさかさまに捉えることなく〕

と、『般若心経』は言っています。わたしたちは、物事をさかさま、あべこべに捉えているのです。般若波羅蜜――仏の智慧の完成――を実践している菩薩には、そういうことがなくなります。

昔、カルチャーセンターで講義をしていたとき、受講生から奇妙な質問を受けました。

「先生。家に仏壇が二つになると、その家には不幸が起きる――と言われていますが、あれは本当ですか？」

わたしは、そんな言い伝えのあることを知りませんでした。そこで質問者に尋ねると、事情は次のようでした。

まず、彼女の実家の母が亡くなりました。彼女には弟がいます。ところが、その弟が母とは別居していて、しかもどこかの新興宗教の信者になっています。その新興宗教では、独自の型式の仏壇を信者に購入させ、他の邪教（その新興宗教からすれば、他の宗派はすべて邪教になります）の仏壇は拝んではならないそうです。

それで弟さんは、亡くなった母が拝んでいた仏壇を引き取りません。

だが、彼女は他家に嫁いで、その家にも仏壇があります。

だから彼女が母の仏壇を引き取ると、彼女の家の仏壇は二つになります。そうすると不幸が起きるという。「どうしたらよいでしょうか？」といった質問でした。

で、わたしは答えました。

「あなたは、物事をあべこべに捉えていませんか？」

「どういうことですか」

「あなたは、仏壇が二つになると不幸が起きると信じていますが、それは原因と結果をあべこべにしているのです。あなたが不幸になったから、仏壇が二つになるのであって、仏壇が二つになったから不幸になるのではありませんよ」

「……？」

「あなたが幸福であり、姉弟が仲良く暮らしていれば、仏壇が二つになるようなことはありません。ただ、弟さんが仏壇の引き取りを拒んだ。たったそれだけのことで、姉弟が対立しかけるはめになったのです。だとすれば、死んだお母さんの仏壇なんか捨ててしまえばいいのです」

「でも、そんな罰当たりなことは……」

「いや、〝捨てろ〟といったわたしの表現が、あなたを尻込みさせたかもしれません。お坊さんに頼めば、仏壇の性根《しょうね》抜きをして、粗大ゴミにしてくれます。その上で捨てればいいのです」

彼女は安心したような顔をしました。

彼女は、仏壇が二つになる（原因）↓不幸になる（結果）と思っています。しかし、それは、『般若心経』に言わせると、

――顚倒《てんどう》――

です。実際は不幸になる（原因）↓仏壇が二つになる（結果）のです。それが分かれば、どうすればよいかが分かります。彼女は幸福になればいいのです。母の仏壇なんか捨ててしまって、姉弟が仲良くすればいいだけのことです。仏壇を二つにすると、彼女は毎日毎日、〈あの弟が引き取ってくれればいいのに……〉と、愚痴ばかりを言うようになります。

和顔愛語

こんな例はいっぱいあります。

これは、あるお坊さんから聞いた話ですが、彼が檀家を訪れたとき、玄関で中学生

の孫と出会いました。するとその孫は、奥のおばあちゃんの部屋に向かって、

「おばあちゃん、お寺さんが来てくれたんやで。早よ死ねや」

と大声で叫んで、そのまま外に出て行ったそうです。

あとでおばあちゃんの部屋に行くと、おばあちゃんはさめざめと泣いていました。

「あれは孫の言葉じゃない。嫁が言わせている言葉だ」

と、おばあちゃんは嫁を責めます。そして、この家はわたしの家だ。そこへ息子たち一家が押しかけて来たのだ。そんな主張を繰り返しました。

「だいたい、祖母に向かって〝早よ死ね！〟と言う、最近の若い者は困ったものですね」

と、僧侶の方はそう言われましたが、

「それは違う！」

と、わたしは反駁しました。なぜなら、みんな顚倒した考えでいるからです。

じつはおばあちゃんは病人で、一日中、病床に就いています。すると家の中が暗くなります。孫にとって、それがいやなことなんです。

それに、中学生ともなれば個室がほしい。友だちはみんな個室を貰っているのに、

彼は弟と二人で一室を使っているのです。「ぼくにも個室がほしい」と父母に訴えると、「おばあちゃんが一室を占領しているから、いまは無理だ。おばあちゃんが死んだら、あの部屋をおまえにやる」と説得される。といった事情も想像できます。現代の日本の住宅事情が一家を不幸にしているのです。孫だけを責めてすむ問題ではありません。わたしはそう考えます。

では、どうすればよいでしょうか……？

どうもわたしは、このおばあちゃんにつらくあたっていますが、遠慮なく言わせていただきます。わたしは、このおばあちゃんは、

——和顔《わげん》愛語——

の実践をすべきであったと思います。和顔愛語とは、和《にこ》やかな顔付きと心のこもった言葉です。

若いころ、アメリカ人からこう言われたことがあります。

「おまえは、きょう、どこかからだの具合が悪いのか？」

「いいや、どこも悪くはない」

「それじゃ、そんな顔をするな！」

「そう言われても、これがぼくの地顔なんだよ」

「その地顔がよくない。もっと微笑《ほほえ》みを浮かべろ！」

言われたときは、ちょっと腹が立ちました。でも、しばらくして、それが仏教語の和顔愛語であることに気がつきました。

わたしたちは、周囲を明るくする笑顔を浮かべるべきです。

このおばあちゃんは病気であり、病気はつらいものです。しかし、おばあちゃんは病人の義務として、家の中を明るくする笑顔を浮かべるべきです。その笑顔が、看護してくれる人に対する返礼になります。

自分が変わると、相手が変わる

愛語というのは、相手を肯定する言葉です。

「あなたの成績が良くなれば、ご褒美をあげる」

というのは、愛語ではありません。それは取引語です。親子のあいだでも、夫婦のあいだでも、わたしたちはそんな取引語ばかり喋っています。

取引語をやめて、愛語を語るべきです。

「お父さんは、おまえの味方だぞ。おまえがどんなことをしようと、どんなふうになろうと、お父さんがおまえの味方だということを忘れるな！」

「お母さんは、あなたが大好きよ。あなたがどんなになっても、お母さんがあなたを愛していることだけは忘れないでね」

それが愛語です。優等生は優等生のまま、劣等生は劣等生のまま、相手を肯定するのが愛語です。

もしこのおばあちゃんが和顔愛語の実践をしていたら、家の中がそれだけで明るくなります。いえ、わたしは嫁と姑の対立、祖母と孫との喧嘩がなくなると言っているのではありません。人間関係において、対立するとき、喧嘩になるときはあるのです。でも、和顔愛語の実践をしていれば、それが深刻な喧嘩にはならないと思います。

孫が成績のことで親から叱られているとき、あとでおばあちゃんが言ってあげるのです。

「おまえのお父さんも、小中学生のころ、学校の成績は悪かったのだよ。心配しないでいいから。のんびりやればいい……」

そう言ってくれる祖母を、孫は好きになるでしょう。
〈あんなおばあちゃんだから、ぼくは好きになれない〉
〈あんな孫だから、わたしは好きになれない〉
と思っています。それが顛倒です。おばあちゃんが孫を好きになっていれば、きっと孫が変わるのです。

もっとも、これは逆も言えます。孫がおばあちゃんを好きになれば、きっとおばあちゃんも変わる――と。それはそうですが、わたしは順番からいえばおばあちゃんのほうが先だと思います。長いあいだの病人が、家の中を暗くさせたのです。まずおばあちゃんから和顔愛語の実践をすべきです。そうすると家の中が明るくなり、息子も嫁も、孫たちも和顔愛語の実践ができるようになるでしょう。

わたしたちは、〈相手が悪い〉と思い、相手を非難し、相手に責任を押《お》っ被《かぶ》せようとします。そういう態度をやめて、まず自分が変わり、自分が和顔愛語の実践をします。

よく言われることですが、

――自分が変われば、相手も変わる――

のです。それは本当ですが、ときどき、相手を変えるために自分が変わろうとする人がいます。それはよくありません。そんな態度でいると、
〈わたしはこれだけ努力しているのに、あの人は……〉
となってしまいます。よけいに対立が激しくなります。

相手を変えようとせず、まず自分が和顔愛語の実践をする。それが『般若心経』の教えだと思ってください。

そして、そのとき、そこに「涅槃《ねはん》」が実現します。涅槃というのは心の静けさの境地です。平安といってもよいでしょう。喧嘩がなくなるのではなしに、喧嘩をしても安らかに喧嘩ができるのです。喧嘩をなくそうとするのは、小乗仏教の考え方だと思ってください。大乗仏教では、喧嘩・対立はあっても、双方の心は安らかでいられます。それが涅槃の境地だと思ってください。

6　三世の諸仏

「如」が人間の姿をとって出現する

最初、この世には、仏はただ一人、釈迦だけでした。

〝仏〟というのは、サンスクリット語の〝ブッダ〟を〝仏陀〟と漢訳し、その省略形です。〝ブッダ〟は「目覚めた者」「覚者」を意味します。真理に目覚めた者です。インドで、釈迦と同時代の人間にニガンタ・ナータプッタがいます。ジャイナ教と呼ばれる宗教の開祖です。彼は〝ジナ〟と呼ばれていました。これは「勝者」(煩悩に打ち克った者)の意です。

じつは、最初期の文献では、釈迦は〝ブッダ〟と呼ばれたり、〝ジナ〟と呼ばれたりしています。ジャイナ教の開祖も、〝ジナ〟と呼ばれたり、〝ブッダ〟と呼ばれたりしていました。そのうちに、釈迦はもっぱら〝ブッダ〟に、ジャイナ教の開祖は〝ジナ〟になりました。そして、ジャイナ教関係の文献では、釈迦の弟子のシャーリプトラ(舎利弗、舎利子)やその他の高弟たちまでが〝ブッダ〟と呼ばれています。〝ブッダ〟にしろ〝ジナ〟にしろ、悟りを開いた者に対する一般的な尊称であったわけです。

しかし後世になると、ブッダ・仏陀・仏は釈迦を指す尊称になりました。そして小乗仏教では、最初期には、仏は釈迦だけであったのです。

ところが、少し時代がたつと、釈迦は真理に目覚めた人間ですが、同じ真理に目覚めた者が釈迦以前にも存在したに違いない――という考え方が出てきました。それが過去七仏の考え方です。釈迦以前に六仏が存在し、釈迦は第七番目の仏であるという考え方です。

そしてまた、未来仏の考え方も出てきます。釈迦が悟られた真理とまったく同じ真理を未来において悟られる仏が出現されるに違いない――といった信仰です。

その未来仏の名を弥勒菩薩（マイトレーヤ）といいます。現在はまだ仏になっておられないから菩薩なのです。

この過去仏と未来仏、そして現在仏を合わせて、『般若心経』は「三世の諸仏」と呼んでいます。――といった説明はまちがいです。多くの学者がそう説明し、わたしも過去の書物でそのように説明したのですが、これは小乗仏教の考え方です。大乗仏教においては、まったく違った説明をすべきです。

では、大乗仏教はどう考えるのでしょうか……?

大乗仏教においては、仏とは、

——宇宙の真理そのもの——

と考えるべきです。時間と空間を超越し、姿、形のない真理そのもの——が仏なんです。

だから、わたしたち凡夫には、宇宙の真理そのものを悟ることはできません。いや、感じることも、それが存在していることも、われわれには分からないのです。

そこで、宇宙の真理そのものが人間の姿をとって、人間の所にやって来られたのだ。そういう考え方ができた。仏教語で宇宙の真理そのものを〝如(タタター)〟といいます。その「如」のほうから人間の姿をとってやって来られたのだから、それが、

——如来(タターガタ)——

です。

〝如来〟も〝仏〟もまったく同義の言葉です。

それが「釈迦」「釈迦仏」「釈迦如来」です。

わたしの勝手な想像ですが、人間に教えを説くためには、「如」のほうから人間の

姿になってやって来てくださる。けれども、魚や鳥に教えを説くためには、「如」は魚や鳥の姿をとられるのではないでしょうか。

そして「如」は、時間軸の上では、過去、現在、未来にわたって人間の姿をとって出現されます。

と同時に、この宇宙は十方に広がっています。十方とは、東西南北の四方と、北東・南東・南西・北西の四維《しい》、それに上下を加えたものです。この十方に数多《あまた》なる仏世界があり、「如」はそれら仏世界において仏・如来となっておられるのです。阿弥陀仏や薬師仏、阿閦《あしゅく》仏などがそれです。

これが、大乗仏教の仏に対する考え方です。大乗仏教は最初から多仏思想です。大乗仏教で「三世諸仏」と呼ばれる存在は、このような「如」から来現された諸仏です。

阿耨多羅三藐三菩提

『般若心経』は、菩提薩埵《ぼだいさった》（菩薩）について述べたあと、三世諸仏について述べています。

三世諸仏《さんぜしょぶつ》。依般若波羅蜜多故《えはんにゃはらみったこ》。得阿耨多羅三藐三菩提《とくあのくたらさんみゃくさんぼだい》。

〔また、過去・現在・未来の三世にましますの諸仏も、この上ない正しい完全な悟りを開かれました〕

三世の諸仏も、菩薩と同じように、般若波羅蜜を実践して、阿耨多羅三藐三菩提《あのくたらさんみゃくさんぼだい》を得られました――というのです。

では、阿耨多羅三藐三菩提とは何でしょうか?

これはサンスクリット語の〝アヌッタラー・サムヤクサンボーディ〟をそのまま漢字で表現したものです。「無上の真実なる完全なる悟り」の意味で、伝統的には〝無上正等覚〟〝無上正真道〟〝無上正遍知〟などと漢訳されています。

で、疑問が生じませんか?

わたしは、仏・如来とは、宇宙の真理そのものが人間の姿をとって出現された存在だ――と言いました。宇宙の真理そのものを、いま学んだ「阿耨多羅三藐三菩提」に

置き換えてみましょう。すると『般若心経』は、

――阿耨多羅三藐三菩提が（人間の姿をとって出現され）、般若波羅蜜を実践して、阿耨多羅三藐三菩提を得られた――

と言っていることになります。そんなややこしい表現よりも、もっと平たく言えば、

――この上ない完全な悟りが、般若波羅蜜を実践して、この上ない完全な悟りを修得された――

となります。おかしいですよね。なぜこの上ない完全な悟りがこの上ない完全な悟りを修得せねばならないのですか？　なぜ仏が仏にならないといけないのですか？

仏教とキリスト教の違い

ここのところは、キリスト教と比較すればよいでしょう。

キリスト教において、ゴッド（神）は時間と空間を超越した存在です。もちろん、姿・形はありません。だから、仏教の宇宙そのものに似ています。仏教でいえば「如」にあたるわけです。

では、ゴッドはどうやって人間とコンタクト（接触）することができるでしょうか？

二つの方法があります。

一つは、預言者を通じてみずからの意思を伝える方法です。預言者は、予言者ではありません。予言者というのは、未来の出来事をあらかじめ語ることです。しかし預言者は、ゴッドの言葉を預ってきて、それを人間に伝える人です。ゴッドの意思を人間に伝えるのであって、だいたいにおいて「おまえたちはまちがっている」と警告することになります。この方法をとるのが、ユダヤ教やイスラム教です。このような預言者という存在は、仏教にはありません。

もう一つはキリスト教の方法です。ゴッドは人間に「神の子」を派遣されて、みずからの意思を伝えます。キリスト教においては、イエスは「神の子」とされています。「神の子」だからこそ、神（ゴッド）の真意を正確に人間に伝達できるのです。

ここに大乗仏教とキリスト教の根本的な差があります。

仏教は「仏の教え」であり、キリスト教は「キリスト（イエス）の教え」です。その点においては違いはありません。

しかし、仏教は「仏の教え」を学んで、わたしたちみずからが「仏になるための教え」です。

だが、キリスト教はそうではありません。キリスト教は「キリスト（イエス）の教え」を学んで、わたしたちみずからが「キリストになるための教え」かといえば、それは違うのです。イエスは「神の子」であって、「神の子」はすなわち神（ゴッド）です。しかし、人間はいくら努力しても神（ゴッド）になれないのですから、キリスト教は「キリストになるための教え」ではないのです。

もうお分かりいただけましたね。仏教は、仏の教えであると同時に仏になるための教えです。だからわれわれ菩薩は――初心者の菩薩も、仏と同等な菩薩も――仏に向かって歩み続けるのです。

では、仏はどうか……？　仏になれば、もうごろんと横になって休んでいていいのでしょうか？

そうではありません。仏になっても、なおも仏に向かって歩み続けねばなりません。仏に向かっての歩みをやめたとたん、その人は仏教者ではなくなってしまうのです。わたしはそう思っています。

そして、その歩みが「般若波羅蜜」です。
では、次に「般若波羅蜜」について解説します。

六波羅蜜

「般若波羅蜜」とは、「仏の智慧の完成」です。もちろん、前に述べたように、これは永遠に完成せざる完成であって、常に完成に向かって努力することを意味します。

ところで、大乗仏教においては、菩薩が常に実践すべき徳目として「六波羅蜜」があります。この六波羅蜜は、

1 布施《ふせ》波羅蜜
2 持戒《じかい》波羅蜜
3 忍辱《にんにく》波羅蜜
4 精進《しょうじん》波羅蜜
5 禅定《ぜんじょう》波羅蜜
6 智慧《ちえ》波羅蜜

の六つです。これはまた、「六度」と呼ばれることがあります。

問題は、第六番目の智慧波羅蜜と般若波羅蜜との関係です。三八ページで述べたように、〝般若〟はサンスクリット語の〝プラジュニャー〟の俗語形である〝パンニャー〟を音訳したもので、「智慧」を意味します。だとすれば、般若波羅蜜と智慧波羅蜜は同じものです。同じものであれば、何も表現を二つにする必要はないではないか、と言われそうですが、わたしはこの二つを区別して使いたいと思います。

このあとすぐに詳しいことを述べますが、じつは布施波羅蜜・持戒波羅蜜・忍辱波羅蜜・精進波羅蜜・禅定波羅蜜を実践するためには、ある程度の智慧波羅蜜（以下では〝波羅蜜〟を省略します）が必要です。まったく智慧のない状態では、布施・持戒・忍辱・精進・禅定が実践できません。たとえば、金儲けに血眼になっている人がいます。そのために他人を傷つけ、自分の健康を害《そこな》ってしまいます。そういうのは精進ではありません。しかし、智慧がないと、わたしたちはまちがった努力をしてしまいます。

では、どうしたら正しい智慧が得られるでしょうか？　仏教書を読んで、正しい智慧を学ぶことができます。でも、そうして得られた智慧では、多くの場合すぐに忘れてしまいます。また、いわゆる「分かっちゃいるけど、やめられない」といったことになりかねません。じつは、智慧を得るためには、布施・持戒・忍辱・精進・禅定の五つの実践が必要です。

つまり、智慧があるから五つの実践が可能であり、五つの実践によって智慧が得られるのです。

ということは、智慧は一つの車輪であり、布施・持戒・忍辱・精進・禅定がもう一つの車輪です。この両輪でもって、わたしたちは仏道を進んで行くことができるのです。

そうして、その先に得られるのが、わたしは般若だと思います。

したがって般若は、常にその先にあるものです。いわば星のようなもので、われわれはそれに向かって進んで行くだけです。常に未完成の完成なんです。わたしはそのように考えています。

舎利子の失敗

では次に、六波羅蜜の一つ一つを検討しましょう。わたしたちが、この人生をどのように生きればよいか？　を考えるためです。

最初に布施（布施波羅蜜）です。

『大智度論《だいちどろん》』（『大品般若経《だいぼんはんにゃきょう》』の注釈書です）に、こんな話があります。舎利子（『大智度論』の表記だと〝舎利弗〟になっています）が過去世において大乗仏教の修行をしていたときです。もちろん、話はフィクションです。彼はとくに布施行を実践していました。

ある日、彼のところにバラモンがやって来ました。

「おまえは布施行をやっているそうだな」

「はい、そうです」

「では、俺が頼めば、何でも施してくれるか？」

「わたしの持っている物であれば、布施させていただきます」

「では、おまえの目玉をわしにくれ」

「えっ⁉」と、一瞬どきんとしたあと、舎利子は言いました。「わたしの目玉は、わたしの眼窩《がんか》にあってこそ働くのです。あなたに施しても、役に立ちませんよ」

「おまえは、布施をするのに、いちいち文句を言うのか⁉」

〈いけない〉と、舎利子は反省します。それで彼は自分の眼窩に指を入れ、目玉を取り出し、バラモンに布施しました。

受け取ったバラモンは、「くん、くん」と臭いをかいで、

「なんだ、おまえの目玉は臭いなあ……。こんなもの、要らんわ」

と目玉を地面に投げつけ、おまけに足で踏んづけました。

それを見て、舎利子にはむらむらと怒りがこみあげてきます。

もちろん、舎利子はその怒りを鎮めるのですが、

〈自分には、とても大乗仏教の修行はできない〉

と思って、彼は小乗仏教に転じました。

すでに述べたように、これはフィクションであって、実際に起きた出来事ではありません。しかし、舎利子は小乗仏教の代表選手であり、小乗仏教の感覚では、大乗仏教の六波羅蜜の実践ができないことがよく示された話です。

では、舎利子はどうすればよかったのでしょうか……?

布施とは喜捨である

もちろん、舎利子は布施を拒んでもよかったのです。請われれば与えなければならない――というのは布施ではありません。ただし、拒む場合には、しっかりと相手に謝罪せねばなりません。舎利子のように理屈を言ってはいけないのです。

そして、布施する場合は、われわれは布施するものを喜んで捨てる必要があります。そのことを、仏教では、

――喜捨《きしゃ》

といいます。舎利子は自分の目玉を捨てたのだから、相手がそれをどうしようと、相手の勝手です。相手がそれを大事にしてくれようが、バラモンのように足で踏んづけようと、舎利子には関係ありません。

ところが舎利子は、相手が足で踏んづけたとき、むらむらと怒りがこみあげてきた。これは舎利子の失敗です。舎利子には、大乗仏教の布施というものがどういうものか、よく分かっていなかったのです。

布施については、伝統的に、

――三輪清浄《さんりんしょうじょう》の布施――

ということが言われています。布施を構成する三つの要素が清浄でないといけないというのです。

1　施者……布施する主体の心が清浄でなければなりません。〈俺がおまえに施してやるんだぞ。おまえは俺に感謝しろ〉といった心があってはならないのです。また、返報を求める心があってはなりません。舎利子の場合、果たして感謝を求める心がなかったでしょうか。

2　受者……布施を受ける者の心も清浄でなければならないのです。布施を受けることによって卑屈になったり、いつか恩返しをしようと思ってはならないのです。インドには路上生活者が大勢いますが、彼らに施しをしても、日本のように「おありがとうございます」といったような感謝の言葉は返ってきません。黙って、いとも平然と受け取ります。まるで、「あなた施す人」「わたし受ける人」といった分業になっているようです。これが本当の布施だと思います。

3　施物……施す物も清浄でなければなりません。わたしは昔、これを、盗んできた物を施しても布施にならない——と思っていましたが、それはまちがいです。そうであれば、泥棒を職業としている人には布施ができません。泥棒だって立派な（？）職業なんですから、誰にでもできる布施であるためには、盗んだ品物を布施してかまわないわけです。

では、布施が清浄であることとは、どういうことでしょうか？　わたしは、それは、自分が所有するすべてを施すことだと思います。

仏教の伝説では、古代インドのマガダ国の阿闍世《あじゃせ》王が釈迦を招待し、その帰路を万灯でもって照らしました。それを聞いた老婆——じつは彼女は物乞いによって生活していたのです——が、その日、自分が物乞いで得た金をはたいて、たった一灯を寄進しました。その翌日、阿闍世王の万灯は全部消えてしまいましたが、老婆の献じた一灯だけは燃え続けていました。舎利子がその一灯を消そうとしますが、その灯は消えません。そのとき、釈迦が言われました。

「舎利子よ。これが本当の布施の灯だから、そなたが消そうとしても消えないのだよ」

阿闍世王にとって万灯は、いわば端金《はしたがね》なんです。だから、本当の布施にはなりません。しかし、老婆にとってのその一灯は、それを献ずればその日食べられなくなります。そのように持てる物のすべてを施したとき、それが本当の布施になります。

「全財産を施すなんて、そんなこと、誰にもできないではないか⁉」

読者のそういう反論は予測されます。そう、その通りです。自分の所有する全財産を布施するなんて、誰にもできません。

だから、わたしたちは、ほんの一部を寄進して、

「申し訳ありません。これでは布施にならないことを重々承知しています。ですが、わたしにはこれだけしかできないのです。お赦しください」

と、謝りながら喜捨します。その態度が大事なんです。施物の清浄とは、わたしはそういう意味だと解釈しています。

ケーキを仏壇に供える

娘と息子の二人がまだ小学生のころでした。娘が友だちの家から、小さなケーキをお土産に貰って帰って来ました。

家には弟がいます。わたしの妻は、「二人で半分ずつにして食べなさい」と命じました。

二人が食べ終るのを待って、わたしが質問しました。

「いま、お母さんは二人に、ケーキを半分こにして食べなさいと言ったが、なぜだか分かるか？」

姉のほうが先に答えました。

「英彦がかわいそうだから、半分、分けてあげるのね」

英彦は弟の名前です。そして、英彦に答えを促すと、

「こんどぼくが貰って来たとき、お姉ちゃんに半分あげるからだよね」

といった答えです。

そこでわたしが言ったのです。

「二人とも正解じゃないよ。正解はね、一つのケーキを二人で分けて食べたほうがおいしいからだよ」

わたしは、これが布施のこころだと思っています。

＊

じつは、わたしの幼時には、誰が何を外で貰って来ても、必ず仏壇に供える習慣がありました。たぶんどこの家でもそうだったと思われます。父親が給料を貰って来ても仏壇に供えたし、お客がお土産を持って来ても、それを仏壇に供えました。だから、学校の成績簿だって仏壇に供えるのです。子どもが仏壇に供えて、「チンチン」とやったとたんに、それはほとけさまの成績になりますから、親はあまり文句を言えません。

したがって、姉がケーキを貰ってくれば、姉はそれを仏壇に供えるのです。供えたとたんに、それはほとけさまの所有になります。ほとけさまは二人の姉弟がいれば、それを二人に分けてくださるでしょう。それ故、弟は姉からケーキを貰ったのではなく、ほとけさまからいただいたのです。また姉も、半分のケーキをほとけさまからいただくのです。

「ほとけさま、ありがとう」

と、二人ともほとけさまにお礼を言う。姉はケーキを仏壇に供えることによって、自己の所有権を放棄したわけです。それが「喜捨」なんです。その喜捨によって、姉は布施ができたと考えるべきです。

〈わたしがあなたにあげたのよ。あなたはわたしに感謝しなさい〉という気持ちがあったのでは、なかなか真の布施にならないのです。それが大乗仏教の布施の考え方です。

布施とは不貪なり

道元が『正法眼蔵』の「菩提薩埵四摂法《ぼだいさったししょうぼう》」の中で、ちょっとおもしろいことを言っています。「菩提薩埵四摂法」とは、菩薩の実践すべき四つの徳目——布施・愛語・利行《りぎょう》・同時《どうじ》——ですが、その第一の布施について、

《その布施といふは不貪《ふとん》なり。不貪といふは、むさぼらざるなり。むさぼらずといふは、よのなかにいふへつらはざるなり》

〔そのうち、最初の布施というのは不貪である。不貪とはむさぼらないこと。むさぼらないというのは、世間の人の言葉だとへつらわないことだ〕

とあります。貪欲にならないことが布施だと言うのです。わたしはこれを少し積極的にして、

――ほんのちょっと損をすること――

としします。大きな損をする必要はありません。自分にできる範囲での損をさせてもらう。わたしはそれが布施だと思います。

たとえば、電車の中で老人や身障者に席を譲るのも布施です。しかし、〈俺がおまえに譲ってやるのだゾ。おまえは俺に感謝しろ！〉といった気持ちで譲ったのでは布施になりません。施者が受者に、〈貰っていただいてありがとうございます〉といった感謝の気持ちを抱いたとき、その施しが本当の布施になるのです。

だから、座席を譲った人が、坐っていただいた人に、

「ありがとうございます」

とお礼を言うべきです。でも、現代社会において、そんなことはできませんよね。

では、どうすればよいのでしょうか？

はじめから坐らずにいるのです。

座席がいっぱい空いている電車の中で坐らずにいるなんておかしいと思いますが、じつはわたしの娘や息子――二人ともいい加減な年齢ですが――がそうしています。

二人に立っている理由を問うと、

「やがて満員になったとき、誰かが坐るのだから……」

と答えました。その考え方が道元の言っていることです。

誰もが〈坐りたい〉という気持ちでいます。しかし、不貪です。坐りたいという欲を少し抑えて、立っているのです。道元は、それが布施だと言っています。わたしの言葉だと、自分がちょっと損することです。

仏教の布施とはそういうものです。

仏教の戒の精神

次は持戒（持戒波羅蜜）です。戒を持《たも》つことです。

在家の仏教徒が持つべき基本的な戒は五戒です。それは、

1　不殺生戒《ふせっしょうかい》……生きものを殺さぬ習慣を身につけよう。
2　不偸盗戒《ふちゅうとうかい》……盗まない習慣を身につけよう。
3　不邪婬戒《ふじゃいんかい》……淫《みだ》らなセックスに溺れぬ習慣を身につけよう。
4　不妄語戒《ふもうごかい》……嘘をつかぬ習慣を身につけよう。

5　不飲酒戒《ふおんじゅかい》……酒を飲まぬ習慣を身につけよう。

の五つです。わたしはいま、「……の習慣を身につけよう」と訳しました。〝戒〟のサンスクリット語の〝シーラ〟は「習慣」の意味だからです。日本語には〝戒律〟といった言葉がありますが、「戒」と「律」はまったく違ったものです。「戒」はそれを守ろうとする自発的・自律的な精神です。在家の人間には、戒を破ったからといってペナルティ（罰則）はありません。しかし、出家者は集団生活をしていますから、一人が破戒の行為をすれば、必ず他人に迷惑をかけます。それ故、出家者には破戒の行為に対するペナルティが必要になります。そのペナルティが「律」です。したがって、在家の場合は戒だけがあって、律はありません。

それからもう一つ、仏教において「仏」は宇宙の創造主ではありません。ユダヤ教・キリスト教・イスラム教の神（ヤーウェ・ゴッド・アッラー）は宇宙の創造主であり、われわれはその神と契約を結んでいるのです。したがって、神の命令に服する必要があります。けれども、仏教においては仏は命令を発しません。仏とわれわれは、なにも契約に縛られているわけではありません。

それ故、わたしは、昔は五戒を、

「殺すな！　盗むな！　淫《みだ》らになるな！　嘘をつくな！　酒を飲むな！」

と、命令形で解釈していたのですが、それは仏教の戒の精神ではないと気づいて、最近は訳し方を変えたのです。そして、わたしは最初から、〝戒を持《たも》つ〟と表現し、〝戒を守る〟とはしなかったのです。

戒に対する厳格さ

じつは、わたしたちは戒を守ろうとしても守ることはできません。たとえば不殺生戒です。これは、あらゆる生き物を殺すことから遠ざかることです。ですから、蠅や蚊を殺すことも「殺生」になります。

あなたが牛肉・豚肉・魚肉を食べます。「わたしは殺していない。殺された肉を食べているだけだ」と言い逃れをするかもしれません。しかし、結局、あなたが食べるからその動物は殺されたのであって、あなたは不殺生戒を犯していることになります。

ちょっとおもしろい（？）のは、小乗仏教においては、肉食は禁じられていません。出家者は、供養されたものを食べないといけないからです。「わたしは肉を食べられません」と供養を拒めば、供養者が功徳を積めなくなるからです。ただし、「見聞疑の三肉」といって、その動物が殺される現場を見たとき、「あなたに施すためにこの動物を殺しました」と聞かされたとき、そして、〈どうもこの動物は、わたしのために殺されたのではないか〉と疑わしいとき、この三つの場合はその肉を食べてはならないのです。

しかし、大乗仏教においては、出家者は肉食を禁じられています。これは戒律によるのではなく、世俗の法にもとづいて禁じられているのです。しかし僧侶は、その辺をうまくごまかして、肉食をしていたようです。

不殺生戒ばかりでなく、不妄語戒もなかなか厳しいものです。たとえば、釈迦が在家信者から招待を受けたとき、行けないときははっきりと「ノー」と言っておられます。しかし、行ける場合は「イエス」と言っておられません。

《尊師は沈黙をもって諾《うべな》われたり》

と仏典にあるように、行く気のあるときは沈黙しておられます。なぜか？「イエス」と言うのはキリスト教だからです、というのはジョークであって、いまは行く気があっても、そのときになって急病にでもなれば行けなくなるからです。じゃあ、

「行ける場合は行きます」と答えればよいではないか、と言われそうですが、その「行ける場合」というのが曖昧だからです。重症であっても、死を覚悟すれば行くことは行けます。われわれであれば、そういう場合は「行けない」と判断するでしょうが――その判断をさせるのが知恵です――釈迦はそういう場合があることを危惧して、沈黙でもって「行ける場合は行く」と意思表示をされたのです。釈迦はそこまで「不妄語戒」を厳格に解釈されたのです。

懺悔の心

だとすれば、わたしたちは五戒のどれ一つをも完全に守ることはできません。にもかかわらず、われわれは戒を守らねばならない（守るように努力せねばならない）のでしょうか？

そうではないと思います。そこに「持戒」の意味があるのです。「持戒」は戒を持《たも》つことです。わたしは、戒は羅針盤のようなものだと思っています。

羅針盤はいつも北を指しています。われわれが北に向かって進まなければならないにしても、北に大氷山があれば、船は東や西に向かわねばなりません。場合によっては南に後退せねばならないこともあります。

では、羅針盤は不必要かといえば、そうではありません。羅針盤がなければ、われわれが進むべき方角が分からなくなります。わたしたちはいつも羅針盤を持っているべきです。それが「持戒」の意味です。

では、戒を持っているだけで、いつもいつもそれを破ってもよいのか？　そう質問されるかもしれません。それはむずかしい質問です。「破ってよい」と答えるなら、持戒波羅蜜の意味がなくなります。〝波羅蜜〟とは「完成」といった意味だと思ってください。破戒ばかりしていたのでは、戒が完成することはありません。

でも、反対に戒を守れ！　と答えるなら、戒は命令形になってしまいます。そうなれば、大乗仏教の精神がなくなってしまいます。

それじゃあ、どうすればよいのだ⁉　そう言われそうですね。わたしは、ここに、

――懺悔《さんげ》――

というものを置きたいと思います。〝懺悔〟は、一般には〝ざんげ〟と発音しますが、仏教では〝さんげ〟と読みます。

「懺悔」は、仏に対して自己の罪（破戒）を告白し、赦しを請うことです。

いささか余談になりますが、キリスト教においても、自己の罪を神に告白し、赦しを求めます。この場合、カトリックでは神父がいて、

「汝の罪は赦された。二度と悪いことをしないように……」

と言ってくれます。それを聞いて、信者は安心できます。カトリックにおいては、神父はゴッド（神）の代理人です。

ところが、プロテスタントには神父はいません。プロテスタント教会における聖職者は牧師であって、これは信徒の指導者です。ですからプロテスタント教会においては、罪を犯した信者は自分でゴッドの赦しを請わねばなりません。神父のように、「汝の罪は赦された」と言ってくれる人がいないので、なかなか心が晴れず、「すかっ」とできないのです。それでプロテスタントの信者は、できるだけ罪を犯さないようにします。禁欲的になるわけです。

わたしは、仏教の懺悔も、プロテスタント的であるべきだと思っていますが、実際には懺悔は形式的になっています。というより、ほとんど忘れられています。われわれはしっかりと懺悔の心を持つべきではないでしょうか。

＊

不妄語戒について、ちょっと付け加えておきます。

これはもちろん、嘘をつくことを戒めたものです。

かといってこれは、真実を語れというのではありません。

真実はあんがい人を傷つけるものです。禿の人に「禿」と言い、音痴の人に「音痴」と言う。そのとき、その人は傷つきます。

「でも、本当のことだもの……」

とわたしたちは言いますが、言われたほうは、それが本当のことだから傷つくのです。

では、どうすればよいのでしょうか？

釈迦はこう語っています。

自分を苦しめず、また他人を害しない言葉のみを語れ。それが善い言葉である。

好ましい言葉のみを語れ。それは相手に喜んで受けいれられる言葉である。相手にいやがられる言葉は避け、相手に好ましい言葉を語るようにしたほうがよい。

（『スッタニパータ』四五一、四五二）

前に「和顔愛語」について話しましたが（一二二ページ参照）、釈迦が言っているのは「愛語」のことだと思います。わたしたちは、言う必要のない言葉を慎まねばなりません。

忍辱行とは……？

次は忍辱《にんにく》（忍辱波羅蜜）です。堪忍《かんにん》することであり、耐《た》え忍《しの》ぶことです。

＊

『ジャータカ』（二七八話）に、こんな話があります。『ジャータカ』というのは、釈迦が過去世において菩薩として修行していたときの話――もちろんフィクションですよ――を集めた物語集です。

昔、雪山《せつざん》（ヒマラヤ）の山麓におとなしい水牛がいました。この水牛が釈迦の過去世の姿です。

ある日、この水牛が気持ちよく木蔭《こかげ》で休んでいると、いたずら猿がやって来て、水牛の背中に飛び乗ると、大便や小便を水牛にひっかけたり、しっぽを揺さぶったり、さんざんいたずらをします。しかし、水牛は慈悲の心でもって、じっと忍辱していま す。

樹神（樹の中にいる精）が水牛に言います。

「あんな猿、懲らしめてやりなさいよ」

水牛は答えます。

「わたしは自分の忍辱行をやっているのです。わたしが猿をやっつけなくても、悪い行ないをする者は、自然に懲らしめられるものです」

それから数日後、気の短い水牛のいる所にやって来た例の猿が、それをおとなしい水牛と勘違いして、いたずらを始めました。気の短い水牛は、すぐさま猿を殺してしまいました。

そういう話です。

最初これを読んだとき、わたしは疑問に思いました。おとなしい水牛（つまり釈迦です）が、やんわりと忠告していれば、猿は殺されずにすんだのではないか、と。なぜ、釈迦はいたずら猿に忠告してやらなかったのか……?

この問題はむずかしいですね。いまだにどう考えるべきか、自信はありません。

正義にこだわると忍辱はできない

この点に関しては、次のような釈迦の言葉もあります。

釈迦が弟子たちに次のように説法した。

「阿修羅が言った――『こちらがじっと耐え忍んでいると、愚者は、〈彼はわたしを恐れて耐え忍んでいるのだ〉と思い、増長するだろう。だから、耐え忍ぶことはよくない』と。

それに対して帝釈天が言った――『彼はわたしを恐れていると考えて増長する者は勝手にさせておけ。耐え忍ぶこと以上の善き勝利はないのだから』と。

帝釈天は善き言葉によって、阿修羅に対して勝利したのである」(《サンユッタ・ニカーヤ》11・1)

阿修羅というのは、正義にこだわった魔類です。最初は正義の神であったのですが、あまりにも正義にこだわりすぎたために魔類とされてしまったのです。

それに対して帝釈天は力の神です。

力のある者は、弱き者から加えられた迷惑を耐え忍ぶことができます。それに対して正義にこだわった者は、忍辱行ができないのです。「そんなことをしてはいけない」と、迷惑をかける者を赦せないのです。

そのことを、釈迦はわたしたちに教えてくれているのではないでしょうか。

他人のことは他人のこと

それからまた、釈迦はこう言っています。

怨《うら》みを抱く人々のあいだにあって、怨みなく、楽しく生きよう。怨みを抱く人々のあいだにあって、怨みなく暮らそう。

悩める人々のあいだにあって、悩みなく、楽しく生きよう。悩める人々のあいだにあって、悩みなく暮らそう。

貪《むさぼ》る人々のあいだにあって、貪らず、楽しく生きよう。貪る人々のあいだにあって、貪らずに暮らそう。（『ダンマパダ』一九七〜一九九）

わたしは十数人のグループで勉強会をやっていますが、ときどき次のような質問を受けます。

「先生、子どもが学校でいじめられていることが分かったとき、親はどうすればよいのでしょうか？」

これはほんの一例です。そこでわたしが問い返します。

「あなたのお子さんが、いじめにあっているのですか？」

「いいえ、違います。たとえば……の話なんです」

「他人のことは、どうだっていいではありませんか。あなたは、自分の問題だけを真剣に考えればいいのです」

わたしのその返答に、多くの人は不満なようです。

でも、わたしたちは、他人の悩みをどうすることもできません。浪費のあげく借金をして悩んでいる人もいれば、出世が遅くて悩んでいる人もいます。本人は、自分の出世が遅いのをあきらめていても、妻に「早く出世できるようにがんばりなさい」と言われて、悩んでいる人もいます。しかし各自は、自分の悩みを自分で解決する（あるいは解決しないでいる）よりほかないのです。釈迦が言うように、

《悩める人々のあいだにあって、悩みなく、楽しく生きよう》

とすればいい。多くの人が悩んでいますが、自分だけは悩まないようにすればいいのです。

こういう釈迦の発言は、一見、エゴイズムのように思われます。だが、わたしたちは他人に教えるために仏教を学んでいるのではありません。自分のために、自分の人生を楽しくするために、仏教を学んでいるのです。他人のことはほうっておけばよいのです。無慈悲な言い方に聞こえますが、実際、わたしたちは自分の問題は自分で解決するよりほかないのです。誰も、「俺の代りに糞をしてくれ」と他人に頼めないのです。

だから、自分にいたずらを仕掛けてくる猿がいれば、その猿を叱ってもよいし、じ

っとそのいたずらに耐えていてもいいのです。どちらでもよいのです。そこのところをまちがえないでください。仏教は、「じっと我慢しなさい」と教えているように思われそうですが、それは誤解です。ただ、忍辱の実践をするのであれば、猿のいたずらをじっと我慢することです。相手がどうなろうと、自分は自分の忍辱行をやればいい。それが仏教の考え方だと思います。

ただし、言っておきますが、自分の子どもが誰か他人に迷惑をかけているとき、親は子どもに注意する義務があります。自分の家族は他人ではありません。そのことをまちがえないでください。

「がんばるな！」

次は精進《しょうじん》（精進波羅蜜）です。結論を先に言っておきますが、これはがんばることではありません。むしろ「がんばるな！」ということです。

近年の日本人は、どうも〝がんばる〟という言葉が大好きです。口を開けば、「がんばれ！　がんばれ！」

「がんばってください」

「がんばります」

と言います。昔、わたしは、「がんばるな！」という演題で講演をしました。そのあと、主催者側の代表が挨拶をして、

「ただいまのひろさちや先生のご講演は、われわれによく分かりました。わたしたちはこれからは、ひろさちや先生の言われたように、がんばらないようにがんばります」

と言われた。会場は大爆笑でしたが、言った本人は自分がおかしなことを言ったことに気づいていませんでした。それほど〝がんばる〟が日常語になっているのですね。

しかし、辞書を見てください。

《がんばる〔頑張る〕……〔「頑張る」は当て字。「我《が》に張る」または「眼《がん》張る」の転という〕①他の意見を押しのけて、強く自分の意見を押し通す。我をはる。「ただ一人反対意見を述べて—・る」②苦しさに負けずに努力する。「子供が大学を出るまで—・る」「負けるな—・れ」③ある場所に座を占めて、少しも動こうとしない。「立ち退きをせまられたが、最後まで—・る」「守衛が—・っている」……》（『大辞林』初

版）

わたしたちは、ややもすれば自説に執着してしまいます。そんなに大きな意見の差はないのに、相手の言うことを聞かず、自分の意見ばかりをまくし立てます。それが「がんばり」です。そういうがんばりはよくないですね。

電車の中で、隣の人がちょっと腰を動かしてくれると、お互いが楽に坐れます。ですが、梃子《てこ》でも動くものかとがんばっている人がいます。ああいうがんばりもよくないですね。

辞書には、《苦しさに負けずに努力する》のを「がんばり」だとされています。こういうがんばりは推賞されるように思われますが、どうして苦しさに負けてはいけないのですか。苦しいときは、ちょっと休めばいいのです。わたしはそう思います。

ともあれ、仏教が言う精進は、がんばることではありません。むしろ、

――のんびり・ゆったり・ほどほどに――

仏道を歩むことです。だから「がんばるな！」が精進だと、わたしは思います。

心の解放

六波羅蜜の第五は禅定《ぜんじょう》（禅定波羅蜜）です。

〝禅定〟は、サンスクリット語の〝ディヤーナ〟を音訳して〝禅那《ぜんな》〟とし、その〝禅〟と、意訳した〝定〟を組み合わせてつくった語です。心静かに瞑想し、真理を観察することをいいます。そうすることによって心の動揺を抑え、安定した状態になります。

この禅定を中心とした宗派が、中国で成立した禅宗です。

さて、禅定といえば、わたしたちは印象的に「精神統一」「精神集中」を思いますが、そうではありません。むしろ反対に、精神をこだわりや執着から解放し、のんびりとさせることだと思えばいいでしょう。これがあんがいむずかしいのです。脳梗塞をやったあと、わたしはリハビリテーションを受けていましたが、よく、

「力を抜いてください」

と言われます。でも、力を入れることはわりと簡単にできますが、力を抜くことはあんがいむずかしいのです。それと同じで、精神を集中させることはそれほどむずか

しくはありません。が、心をのんびり、ゆったりさせることは、あんがいむずかしいのです。

だから禅定も、精神を集中させるよりも、むしろ精神の力を抜くことだと思えばよいでしょう。

――泣き面《つら》に蜂《はち》――

といったことわざがあります。《泣いている顔をさらに蜂が刺す。不幸の上に不幸が重なる、また、苦痛の上にさらに苦痛が重なることのたとえ。困っている事の上にさらに困った事が起こる》(『故事・俗信　ことわざ大辞典』小学館)と解説されています。まあ、踏んだり蹴ったりの状態です。しかし、わたしはあんがいこれがいいのだと思います。わたしの友人にも、夫を亡くして、何年間も泣きの涙で暮らしている女性がいるかと思えば、夫が病気になり、息子が非行によって登校停止処分を受け、実家の商売が破産し、といった具合にしっちゃかめっちゃかになりながら、驚くほど明るく生きている女性もいます。一つの不幸に見舞われると、そればかりを思い込んでしまうのです。多数の不幸が押し寄せてくると、あんがい一つのことに思い詰めずに、心が楽になると思います。だから心を過度に集中させず、むしろ解放したほうがよいと思います。もちろん解放しっぱなしではいけません。ある程度は心を集中させ、そして同時に解放させるのです。それが禅定だと思います。

知恵と智慧の区別

最後の智慧(智慧波羅蜜)です。

ここでちょっとややこしい問題があります。

じつは、『般若心経』に出てくる般若(般若波羅蜜)というのは、「智慧」のことなんです。では、「智慧」と「般若」はどう違うのでしょうか? それから「知恵」といった言葉もあります。この三つをどう使い分ければよいのでしょうか? ここのところ前にも述べましたが、重複を覚悟の上でもう一度考えることにします。

まず、「知恵」のほうは簡単です。これは「損得の知恵」だと思ってください。〈どうしたら得になるか?〉〈どうしたら損をしないですむか?〉を考えるのがこの知恵です。われわれが日常生活において、学校において、社会において、もっぱら活用するのはこの知恵です。

したがって、『般若心経』はこの知恵を問題にしません。といっても、この知恵がなくていいと言っているのではありません。社会生活を営むためには、この知恵は必要です。

かつて、わたしの後輩に、知恵遅れの子どもをほとけさまから預っている親がいました。いえ、〝知恵遅れ〟の言葉が差別語であって、使ってはならないことはわたしも知っています。しかし、この父親の言いたいことを伝えるために、あえて〝知恵遅れ〟の用語を使わせていただきます。

その子には兄と妹がいます。兄妹が留守のときに、彼におやつを与えても絶対に食べないのです。三人がそろうまで待っています。

あるとき、三人にケーキが二個しかなかった。それで母親はその子に一個のケーキを与えて、残った一個を兄と妹に半分こして与えました。ところが、彼は自分に与えられたケーキを食べないのです。

彼は喋ることのできない子です。ただ、じっと坐っています。

そこで「はっ」と気づいた母親は、その子のケーキを半分こして、その半分を母親が食べ始めました。するとその子は、喜んで半分のケーキを食べたのです。

父親はこの話をわたしにしてくれ、こう言いました。

「世間の人は、自分のケーキが大きいか／小さいかばかりを気にしている。でもこの子は、お兄ちゃんや妹がケーキを半分しか食べられないとき、自分がまるごと一個を食べてはいけないのだと知っている。それがほとけさまの智慧なんだ。世間の人はこの子を〝知恵遅れ〟と呼ぶが、この子の智慧はちっとも遅れていない。呼ぶのであれば、この子を〝知識遅れ〟と呼んでほしい」

この父親の言葉で、知恵と智慧の区別がお分かりになると思います。すなわち、

知恵は……世間一般の知恵であり、損得の知恵。

智慧は……ほとけさまの智慧であり、損得を超越した智慧、あるいはちょっと損をする智慧。

です。〝般若〟というのも、後者の智慧に属します。

智慧と般若の違い

前にも述べましたが、「智慧」はサンスクリット語で〝プラジュニャー〟といい、

その俗語形が〝パンニャー〟で、それを音訳したのが〝般若〟です。ですから「智慧」も「般若」も同じものです。けれどもわたしは、あえてそこに差をつけたいと思います。

どう差をつけるか？

まず「智慧」がないと、六波羅蜜の五つ、すなわち「布施」「持戒」「忍辱」「精進」「禅定」の実践はできません。

たとえば「布施」ですが、世俗の知恵——損得の知恵——でもっては布施はできません。わたしたちが施しをすれば、すぐに返報を期待してしまうからです。

だから、布施をするには智慧が必要です。その智慧とは、自分にできる、ほんの少しの損をさせていただこうというものです。〈俺は自分にできる損をさせていただいているんだぞ！〉と自分自身に言い聞かせたとき、自分の持っている大事なものを喜んで捨てることができるのです。

日本人は礼儀上でしょうが、「これ、わたしには要らなくなったから、あなたにあげる」と言います。あるいは贈り物をするとき、「粗末な物ですが、貰ってください」と言います。しかし、粗末な物、不要な物を人にあげても布施にはなりません。自分の大事な物、それがなくては自分が困る物を施してこそ本当の布施になるのです。それを自覚していることが智慧です。

では、そのような智慧――損をする智慧――は、どのようにして得られるのでしょうか？

じつはそのような智慧は、布施を実践することによって得られるのです。

智慧があって、はじめて布施ができ、その布施を実践することによって智慧が得られるのです。

この関係は、持戒・忍辱・精進・禅定と智慧の関係にも当てはまります。すなわち、智慧があって忍辱ができ、忍辱によって智慧が得られるのです。

ですから、これは車の車輪のようなものです。

一つの輪は……布施・持戒・忍辱・精進・禅定。

もう一つの輪は……智慧。

です。この両輪があって、車は前へ進むのです。

そして、車の進む遠い遠い先にあるのが、「般若波羅蜜」です。まるで大空の彼方にある星のようなものです。

三世の諸仏は、この星——大宇宙の真理そのもの——が人間の姿をとってわれわれの前に姿を現わされた存在です。

だが、わたしたちは菩薩——仏に向かって歩む者——です。だから星——般若波羅蜜——には到達できないのです。星に向かって歩み続けるだけです。

しかし、般若波羅蜜に向かって歩み続けていれば、あまり物事にこだわることなく、のんびりと、ゆったりと、ほどほどに暮らすことができます。

『法華経』の「見宝塔品《けんほうとうぼん》」には、十方世界から霊鷲山《りょうじゅせん》においでになる釈迦仏に会いに来た諸仏が、侍者を釈迦仏の許に派遣して、

「少病、少悩にして、気力《けりき》あり安楽にましますや」

と挨拶させている場面があります。この言葉がいいですね。わたしたちが生きるこの娑婆《しゃば》世界は、老病死の苦に充ちる世界で、悩みは尽きないのです。だから、わたしたちは無病を願い、悩みのなくなることを願ってはいけません。ほんのちょっぴり病気をし、ほんのちょっぴり悩めばいいのです。いくら重い病気でも、それを〈少な

い〉と感じることができます。そのように感じさせるのが、智慧波羅蜜であり、般若波羅蜜です。わたしたち菩薩は、その般若波羅蜜を目指して歩んで行きましょう。それが『般若心経』の教えです。

7　般若波羅蜜の真言

玄奘訳とサンスクリット語原文の違い

次の段落に関しては、ちょっとややこしい問題があります。まあ、ともかくいつもの通り、原文と訳文を紹介します。

故《こ》知《ち》般若《はんにゃ》波羅蜜多《はらみった》。是《ぜ》大神呪《だいじんしゅ》。是《ぜ》大明呪《だいみょうしゅ》。是《ぜ》無上呪《むじょうしゅ》。是《ぜ》無等等呪《むとうどうしゅ》。能除一切苦《のうじょいっさいく》。真実不虚《しんじつふこ》。

〔それ故、このように言うことができるでしょう。般若波羅蜜はすばらしい霊力のある真言（真実語）であり、すぐれた真言であり、無上の真言であり、無比の真言である、と。それはあらゆる苦しみを消滅させてくれます。真実にして、絶対に虚妄ではありません〕

わたしはいま、玄奘訳の漢文から訳しましたが、サンスクリット語の原文から訳せば、次のようになります。

それゆえに人は知るべきである。智慧の完成の大いなる真言、大いなるさとりの真言、無上の真言、無比の真言は、すべての苦しみを鎮めるものであり、偽りがないから真実であると。（中村元・紀野一義『般若心経・金剛般若経』岩波文庫）

違いはお分かりになりますか？

玄奘訳は……般若波羅蜜は呪（真言）である。そしてその真言は、あらゆる苦しみを消滅させてくれる。

サンスクリット語の原文は……般若波羅蜜の呪（真言）は、あらゆる苦しみを鎮めてくれる。

となっています。漢訳では般若波羅蜜そのものが真言であると言っているのに対して、サンスクリット語の原文では般若波羅蜜の真言について言っているのです。

わたしは、ここのところでちょっと玄奘は誤訳をしたのではないかと思います。が、よく考えてみれば、わたしたちには般若波羅蜜は得られません。『般若心経』がすでに言っているように、三世の諸仏は般若波羅蜜によって最高・究極の悟りを得られましたが、われわれ菩薩は般若波羅蜜によって恐怖がなくなるだけです。ということは、われわれ菩薩はただ般若波羅蜜の呪を唱えるだけ。したがって般若波羅蜜はわれわれにとっては呪でしかないのです。そう考えると、玄奘訳もあんがい当たっているかもしれません。

「呪」とは何か?

では、「呪《しゆ》」とは何なのでしょうか?

じつは〝呪〟は、多くの場合、サンスクリット語の〝ダーラニー〟の訳語として用いられます。〝ダーラニー〟は音訳して〝陀羅尼《だらに》〟、意訳して〝総持《そうじ》〟とされます。

この「陀羅尼」は、仏道修行者が心の散乱を防ぎ、教理・教法を要約して記憶するために用いるものです。一例を紹介しますと、『法華経』の「陀羅尼品《だらにほん》」には、毘沙《びしや》門天《もんてん》の陀羅尼があります。

《あり　なり　となり　あなろ　なび　くなび》

というものです。わたしはいま、ひらがな表記にしましたが、原文は漢字表記になっています。陀羅尼の場合は、サンスクリット語をそのまま音で写して、意訳しないことになっています。そしてサンスクリット語そのものが、呪文として唱えられているうちに相当崩れたものになり、意味の解釈がよく分からなくなりました。たとえば、わたしは昔、

——テンサイヒエイ、シンクウコウヤ——

と、一種の呪文をつくりました。高校のとき、日本史の勉強のためにつくったものです。これなんか、誰にも意味が分かりませんよね。ただ、わたしにとっては、

——天台宗は最澄が開いたもので、比叡山が聖地であり、真言宗は空海が開いたもので、高野山が聖地である——

となるわけです。陀羅尼とは、そういうものだと思ってください。

ただ、ここで玄奘が〝呪〟と訳した言葉の原語は、サンスクリット語の〝マントラ〟です。そして〝マントラ〟は、一般には〝真言〟と訳されます。陀羅尼と真言とでは、ややその意味が違います。

「真言」とは何か？

「真言」は本来は古代インドのバラモン教に起原のある言葉です。バラモン教におけるバラモン（聖職者）の役割は、祝詞《のりと》を唱えて神々を煽《おだ》てあげることです。そうすると神々はいい気分になって、うはうはと人間にご利益《りやく》を授けてくださいます。あるいは災厄から人間を守ってくれるのです。

ただしその祝詞は、最適な言葉でなければなりません。バラモン教は多神教で、一説によると三三三九柱の神々がいるとされています。その神々の特性をよく理解して、その特性にしたがって誉め称えねばなりません。昔、ある女性に、「あなたは頭のいい人ですね」と誉めたつもりで言ったら、「女性は、〝美人ですね〟と言われたほうがうれしいの……」と叱られてしまいました。武勇を誇る神を、「慈悲あふれるやさしい神」と言っても、誉めたことにはなりません。だから、あんがい誉めることもむずかしいのです。バラモンは神々の特性をよく研究・理解して、最上級の誉め言葉を考案するわけです。それがマントラです。もちろんそれは真実でなければなりません。

嘘をついて神々を誉めても、神々は喜んではくれません。それ故、マントラは「真言」なのです。

ですから、古代のバラモン教におけるバラモンは、「真言」の研究者だといってもよいでしょう。

そしてバラモンは神々を誉め称え、神々をいい気にさせて、人間にご利益を授けてくれるように願います。財宝だとか、健康だとか、長寿だとか、五穀豊穣などを祈願するわけです。

まあ、このあたりのところまでは、日本の神道と似ています。神道においても、神主が神々に祝詞を捧げてご利益を願うわけです。

ところが、バラモン教のバラモンたちは、神々にマントラを捧げているうちに、どう言えばよいか、ちょっと自信過剰になりました。最初は、「俺たちバラモンが神々にマントラを捧げているから、神々はわれわれ人間に幸せをもたらしてくれるのだ」と考えます。これはまああたりまえの考え方です。日本の神道だって、神々にお供物を捧げてご利益を願うから、神々はそれに応えてくださるのです。

その次の段階では、バラモンたちは、「俺たちがマントラを唱えれば、神々は俺たちの命令に従わざるを得ない」と考えるようになります。いわば神々とバラモンとのイニシアティブ（主導権）の争いですが、バラモンが神々に勝ったわけです。

最後の段階では、バラモンたちは、「俺たちがマントラを唱えているから、世の中はかくも平穏におさまっているのだ。もしもわれわれがマントラを唱えなければ、世の中は崩壊する」とまで考えるにいたったのです。

そこのところを、ちょっと極端に言えば、次のようになります。

「われわれバラモンが太陽神に向かって、太陽神よ、明日もまた東より昇ってください、とマントラを唱えるから、太陽神が東より昇ってくれる」↓「われわれが太陽神にマントラを唱えれば、太陽神は東より昇らざるを得ない」↓「もしわれわれバラモンがマントラを唱えなければ、太陽神は東より昇れず、地球は闇となる」

それじゃあ、ためしにバラモンがマントラを唱えることをやめて、本当に地球が闇となるかどうか、実験すればよい……と現代人は言いそうですが、そんなことを言うのはマントラの力を信じていない者であって、本当にマントラの力を信じていれば、そんな実験ができるわけがない——と、古代のバラモンたちは言うでしょう。さあ、あなたは、それでも彼らに楯突きますか……⁉

これだけが真言

以上の説明で、「マントラ」すなわち「真言」がどのようなものか、お分かりいただけたと思います。

で、『般若心経』は、般若波羅蜜そのものが、

大神呪……すばらしい霊力ある真言。
大明呪……すぐれた真言。
無上呪……無上の真言。
無等等呪……無比の真言。

だと言っています。ここで〝大〟というのは、大／小を比べた大ではなく、絶対的な「大」なのです。そのことは、大乗仏教についてもいえます。大乗仏教の〝大〟は、小乗仏教と比較しての〝大〟ではありません。比較を絶した、絶対的な「大」です。そのことを現代日本の学者は理解していません。相変わらず小乗仏教と比較して、大乗仏教を論じています。このことは、前にも言いましたよね。

したがって、般若波羅蜜の真言は——その真言は次の段落で明らかにされています——、他の呪や陀羅尼と比べて効果が大きい／小さいは問題にならないのです。もうこれだけが真言といってもよいものです。だからわたしたちは、この真言だけを唱えればよい。それが『般若心経』の主張しているところです。

能除一切苦

したがってわたしたちは、般若波羅蜜の真言だけを唱えればいいのです。無理して、他の呪や陀羅尼、真言を憶える必要はありません。

そうすると、

能除一切苦。

〔あらゆる苦しみを消滅させてくれます〕

になります。

しかし、ここの読み方がむずかしいですね。

たとえば、借金で苦しんでいる人が、般若波羅蜜の真言を唱えたとたん、借金がなくなり、うはうはできるというものではありません。般若波羅蜜の真言は、『アラビアン・ナイト（千夜一夜物語）』に出てくる「オープン・セサミ！（開け胡麻《ごま》！）」のような魔法の呪文ではありません。

また、病人が真言を唱えたとたんに、病気が全快するわけではありません。これはわたしが脳梗塞で二か月近くも入院しながら気づいたことですが、病気は思うがままにならないことです。そして、一年後のいまも、その後遺症で悩まされていますが、それだって思うがままにならないことです。その、思うがままにならないことが思うがままにならないことだと分かることによって、ずいぶんと楽になりました。つまり、

――思うがままにならないことが、思うがままにならないことだと分かることが、分かること――

なんです。そして、「能除一切苦」とは、

――苦しみがなくなることではなしに、苦しみでなくなること――

だと思います。魔法のように苦しみが消えてなくなるのではなしに、苦しみを苦しみのまま、しっかりと耐える勇気が与えられること。それが苦しみを消滅させることになります。

また、貧乏だって同じです。貧乏な人が宝くじに当たって一億円を得る。それが「能除一切苦」ではありません。そうした場合、たいていは泡銭《あぶくぜに》身につかずで、すぐにまた貧乏で苦しむはめになります。貧乏な人が貧乏なまま、楽しく人生を生きられるようになる。わたしは、それが「能除一切苦」だと思います。

さあ、わたしたちはそのように考えて、般若波羅蜜の真言を唱えるようにしましょう。あなたはいまある、そのまんまで楽しい人生を送れるようになるのです。それが真言（マントラ）の力なのです。

8　半眼で見る

波羅羯諦

いよいよ最後の段落です。

故説《こせつ》般若《はんにゃ》波羅《はら》蜜多《みった》呪《しゅ》。即説《そくせつ》呪《しゅ》曰《わつ》。羯諦《ぎゃてい》。羯諦《ぎゃてい》。波羅《はら》羯諦《ぎゃてい》。波羅《はら》僧《そう》羯諦《ぎゃてい》。菩提《ぼうじ》薩婆《そわ》訶《か》。般若心経《はんにゃしんぎょう》。

〔そこで、般若波羅蜜の呪（真言）を説きます。
すなわち、これが呪（真言）です――。
分かった、分かった、ほとけの心、
すっかり分かった、ほとけの心、
ほとけさま、
ありがとう。
以上が『般若心経』です〕

ここにある、

——羯諦《ぎゃてい》。羯諦《ぎゃてい》。波羅羯諦《はらぎゃてい》。波羅僧羯諦《はらそうぎゃてい》。菩提薩婆訶《ぼうじそわか》——

が般若波羅蜜の真言（マントラ）です。わたしの訳は自由訳になっていますので、これについては後述します。

さて、前にも言ったように、真言はサンスクリット語そのものを音で写したものです。日本人であれば、カタカナかひらがなを使うところですが、中国にはそれがありませんから、漢字を音標文字として使わざるを得ないのです。

そしてこのサンスクリット語は相当に崩れたものです。だから学者によって想像された原文は違いますが、中村元・紀野一義『般若心経・金剛般若経』（岩波文庫）によりますと、次のようになっています。

——ガテー　ガテー　パーラガテー　パーラサンガテー　ボーディ　スヴァーハー

(gate gate pāragate pāra-saṃgate bodhi svāhā) ——

そしてその翻訳は、次の通りです。

——往ける者よ、往ける者よ、彼岸に往ける者よ、彼岸に全く往ける者よ、さとりよ、幸あれ――

そして註においては、次のように訳すことも可能だと言われています。

――往けるときに、往けるときに、彼岸に往けるときに、彼岸に完全に往けるときに、さとりあり、スヴァーハー――

最後の〝スヴァーハー〟は、《願いの成就を祈って、咒(呪と同じ)の最後に唱える秘語である》と註にあります。〝幸あれ〟〝めでたし〟といった意味です。

〝往く〟というのは、われわれがいる煩悩の此岸から、悟りの彼岸に渡ることです。この〝渡る〟は、多くの場合〝度〟と表記されます。仏が衆生を救済するのを〝度する〟といいますね。あの〝度〟です。

でも、そう簡単に彼岸に渡れるでしょうか……?

彼岸は大きな荒海の彼方にあります。

それを渡るためには、わたしたちは文字通り裸になる必要があります。金、銀、財宝を背負っては渡れません。一切合財を捨てる必要があります。

また、妻子とともに渡ることはできません。自分一人でさえ渡れる保証のない荒海です。それを、妻子を連れて渡れるわけがありません。

ということは、出家をしないといけないのです。あらゆるものを捨て、出家をして、自分一人になって、ようやく渡れる可能性があるのです。

「夜」を創る

だとすれば、それは小乗仏教ではありませんか。

小乗仏教は、出家至上主義の仏教です。悟りの彼岸に渡りたい者は、最低限、出家をせねばならない。出家をしたからといって、必ずしも悟りが得られるわけではないが、出家をしない者、つまり在家の人間には悟りの彼岸に渡れる見込みがまったくない——。それが小乗仏教の主張です。

では、彼岸に渡った者を祝福する『般若心経』は、小乗仏教の経典でしょうか？

違います。『般若心経』は、まぎれもない大乗経典です。

そうすると、わたしたちが『般若心経』の解釈をまちがっていることになります。

わたしは、昔は、われわれは彼岸に渡らないといけないのだと思い込んでいました。

もちろん、わたしたち在家の人間は非力です。ですから荒海——難渡海《なんとかい》——を泳いで渡ることはできません。では、どうすればよいか？　仏の用意してくださった大船に乗せてもらって、その荒海を渡るのです。〝大乗〟というのは「大きな乗り物」であって、その乗り物に乗せてもらって、仏の力によって彼岸に渡してもらう。そういう渡り方もあるのです。いずれにしても彼岸に渡る必要があると思い込んでいました。しかし、『般若心経』の教えはそうではない――と気づいたのは、だいぶあとのことです。

では、『般若心経』はどういう渡り方を教えているのでしょうか……？

それが「般若波羅蜜」です。すなわち、般若――仏の智慧――によって彼岸に渡るのです。いや、彼岸に渡るのではなしに、わたしたちは此岸――煩悩の世界――にいながら、般若でもってこの此岸を見るのです。そうすると、此岸がまるで違った見え方がします。

一、二例をあげましょう。

古代インドのバラモン教の『ブラーフマナ』文献（祭祀の行程や祭祀の意味などを説明する書）に出てくる話です。

《さてヤマが死んだ。それらの神々はヤミー（ヤマの双生児）にヤマを〔忘れるように」諫めた。彼らが彼女に尋ねるごとに彼女は言った：「彼（ヤマ）は今日死につ」と。彼らは言った：「かくありては、彼女の彼の忘れることとなし。われら夜を創らん」と。その時代には実に昼のみあって夜がなかった。それらの神々は夜を創った。それ以来翌日なるものが生じた。そこで彼女は彼を忘れた。それゆえ人は言う：〝昼夜は実に禍を忘れしむ〟と。》（辻直四郎『古代インドの説話――ブラーフマナ文献より――』春秋社）

ヤマとヤミーは双生児であり、かつ夫婦です。それは近親相姦ではないか⁉　と言わないでください。なにせ彼らは人類の第一号の男女ですから、彼らが結婚するよりほかなかったのです。

そして、男のヤマが先に死にます。妻のヤミーは悲しみます。その時代はまだ「夜」がなかったので、ヤミーにとってはいつでも「夫は今日死んだ」でありました。

そこで神々は「夜」を創りました。すると、一夜明けると、「ヤマはきのう死んだ」となり、「一か月前にヤマは死んだ」「一年前にヤマは死んだ」となり、ヤミーは夫との死別を忘れることができました。

これが「日日薬《ひにちぐすり》」というものです。悲しみも不幸も、日日《ひにち》さえ経過すれば、あんがい耐えられるものです。そればかりか、美化されることもあります。過去の苦しみは美しい思い出となることさえあります。以前、五十肩を患ったとき、母が、「そんなもの、日日《ひにち》さえたてば治る」と教えてくれました。

般若波羅蜜とはそういうものでしょう。時間のはるか彼方から現在を見る訓練をすることだと思います。

人間を遠くから見る

こんどは、距離のはるか彼方から見る般若波羅蜜もあります。

高山から下界を見れば、下界はそのままで美しいのです。一本一本の樹は、枯れかかっていたり、松喰虫《まつくいむし》に侵されていたり、樹の根元にゴミが捨てられていたりしますが、あるいは屋根の下では強盗、殺人が行なわれていることも考えられますが、遠くから見れば美しい景色です。

以前、インド旅行をしたとき、一緒に行った仲間の一人が、コルコタ（カルカッタ）のある場所で、

「じつに美しい！　いい景色です！」

とやけに感激している老人がいました。わたしはそのとき、川縁《べり》に捨てられていたゴミの山を見ていたもので、ちっとも美しいとは感じられません。〈彼は皮肉を言っているのだろうか……〉と、ちらりと思ったものでした。

しかし、帰国後、妻がインドで撮った写真を眺めていたら、そこは見事に美しい景色でした。もちろん妻は、ゴミが写らないアングルで写真を撮っていました。わたしはゴミばかりに気をとられて、その美しい景色を見逃していたのです。

人間を見る場合も同じでしょう。ゴミというのは欠点です。よく知っている人にかぎって、わたしたちはその人の欠点、欠陥をよく知っていますから、どうしても偏《かたよ》った見方になってしまいます。

そういえば、イギリスの作家のサマセット・モーム（一八七四―一九六五）が言っていました。

《私は善人の善は当然視し、彼らの短所なり悪徳なりを発見すると面白がるのだ。逆に、悪人の善を発見したときは感動し、その邪悪に対しては寛大な気分で肩をすくめるだけにしてやろうと思う。私は仲間の人間の番人ではない。仲間の人間を裁くような気持ちにはなれない。彼らを観察するだけで満足だ。わたしの観察では、概して、善人と悪人の間には世の道徳家が我々に信じ込ませたがっているほどの差異は存在していないという結論になる》(『サミング・アップ』行方昭夫訳)

前にも触れましたが、キリスト教のイエスは、

《人を裁くな》(「マタイによる福音書」7)

と言っています。真の意味で人間を裁けるのはゴッド(神)だけです。われわれは、裁きはゴッドにまかせておいて、赦し合って生きるべきでしょう。人間を遠くから(欠点の見えない位置から)見るようにすべきです。

「明らめ」の意味

坐禅のときは半眼《はんがん》にしろと言われています。半眼とは、目を半分ほど開くことです。目を閉じてしまえば、人は眠ってしまいます。ですから、坐禅のときは、眠らないように半眼にするのです。あれは、入ってくる情報量を少なくしているのですね。

そういえば、仏像にしろ、あるいは菩薩像にしろ、すべて半眼になっています。目

をぱっちり開いている仏像、菩薩像はないでしょう。ただし、不動明王《ふどうみょうおう》や愛染《あいぜん》明王などの明王像は違います。明王は目をかっと開いています。なぜかといえば明王は、仏や菩薩がやさしく人を教導されるのを拒んでいる人々を、忿怒《ふんぬ》の相を表わして、威《い》嚇《かく》しながら導かれる存在です。いわば仏の世界における警察官の役目を担《にな》っています。それで、人々の欠点を細かく追究するのです。

だが、わたしたちはそうする必要はありません。わたしたちは半眼でもって人を見ればよいのです。

じつは、〝明〟という字は、本来は〝朙〟と書きました。この〝囧〟は「窓」を意味します。〝明〟は「日」と「月」が合わさって「明るい」のだと思っていましたが、考えてみれば太陽と月が一緒に出ることはありません。たとえば太陽光線の下で若い女性の肌を、しかも虫眼鏡で拡大して見れば、欠点だらけになるでしょう。そうではなくて、窓から差し込むほんのりとした月明かりで、恋人の肌を見れば美人に見えます。それが朙の意味なんです。

だから、ほんのりと、ぼんやりと人を見ることが「明らめ」になります。仏教は「明らめよ！」と教えていますが、それは欠点を細かく、隅々《すみずみ》まで見ることではありません。むしろ目を細めて、半眼にして見ることだと思います。そういう見方ができるのが、般若波羅蜜ではないでしょうか。

〈分かったぞ！〉

さて、そうすると、「羯諦。羯諦」は「彼岸に渡れ！」ではありませんよね。彼岸の智慧によって、煩悩の渦巻くこの此岸の世界を見ることです。

仏の智慧でもって見ます――
時間の遥か彼方から見ます――
空間の遥か彼方から見ます――
目を半眼にして、うすらぼんやりと見ます――
あまりこだわらずにものを見ます――

そうしていると、だんだんに仏のものの見方ができるようになります。本当に少しずつほとけの心が分かってきます。

でも、わたしたちは凡夫です。だから失敗ばかりします。

すぐに夫婦喧嘩をしたり、親子喧嘩をします。職場の仲間と喧嘩をすることもよくあります。焦りの気持ちからそうなるのです。

病気になると、焦ります。

そんな失敗は気にしないでください。

八万四千回の失敗が許されていると考えてください。〝八万四千〟という数字は、インド人が「多数」を言うときに使います。失敗は気にしないでいいのです。そのうち、また、ほとけの心に気づかせてもらえます。そして気づいたとき、

〈そうだ！　分かったぞ――〉

と思えばいいのです。そんなふうに〈分かったぞ〉という気持ちになっても、また失敗します。それが凡夫の性《さが》だから、失敗するのは当然です。そして、再び〈分かったぞ！〉と気づけばいいのです。

わたしはそういう意味をこめて、

分かった、分かった、ほとけの心、

すっかり分かった、ほとけの心、

ほとけさま、

ありがとう。

と、般若波羅蜜の真言を訳しました。なんだ、それじゃあちっとも分かっていないじゃないか――。そう言わないでください。わたしたちは凡夫だから、その程度でいいのです。失敗を繰り返す楽しみこそ、凡夫が『般若心経』を勉強する楽しみだと、わたしは考えています。

エピローグ　人生をプレイする

縁（条件）による状態の変化

わたしたちは、ようやく『般若心経』を読み終わりました。そこで最初に戻って、もう一度、

――人間らしい生き方――

を考えてみましょう。もちろん、『般若心経』を学んだ上での、真に人間らしい生き方を考えるのです。繰り返しが多くなりますが、しばらくご容赦ください。

＊

さて、『般若心経』は、

諸法空相。

と言っています。これは、すべての事物が「空」であるということです。「空」だということは、固定的な実体がないということです。

ここに、コップに入った水があります。しかし、わたしがその水を飲めば、やがてそれが尿となり、下水に流れ、海に入って海水になります。そして雲となり、雨となります。条件次第では雪になります。その水が台所で使われたり、稲を成育させ、洗車に使われたりします。

コップの水を数か月放置しておけば、やがて蒸発して水がなくなります。しかし、水は本当に消え失せたのではありません。細かな粒子となって大気中に拡散しただけのことです。

このように考えれば、「水」といった実体の存在しないことがお分かりになるでしょう。「水」はさまざまな縁（条件）によって、水・氷・雪・吹雪・雪崩・雨・大雨・雲・霧・海水・川の水・泉・水蒸気……になっているのです。

つまり、事物はさまざまな縁（条件）によって、状態が変化します。それを「空」というのです。

そうすると、人間だってさまざまな縁（条件）によって状態が変化するのです。

赤ん坊・幼児・子ども・成人・中年・老年と変化し、ついには死人になります。また、金持ちになったり、貧乏人になったりします。健康の状態のときもあれば、病気にもなります。大学生・会社員・自営業・学校の先生・政治家・作家・医者・薬剤師・看護師・失業者・ルンペン・ホームレス……と、縁（条件）によってさまざまな状態になります。

人間だって「空」なのです。

生活の問題

さて、話が変わりますが、以前、ある雑誌から、「人生の危機にいかなる本を読めばよいか?」といったテーマで寄稿を求められました。それでわたしは、編集者に質問しました。

「〝人生の危機〟とは、何を言うのですか?」

「たとえば、会社を馘首《くび》になったようなときです」

「でも、それは〝生活の危機〟でしょう。そういうのは、〝人生の危機〟ではありませんよ」

「なるほど、そういうのは〝生活の危機〟ですよね。じゃあ、〝人生の危機〟とは、どういうものをいうのでしょうか?」

「おやおや、あなたのほうから提起された問題でしょう。あなたは、どういうのが〝人生の危機〟だと思っているのですか?」

「さあ、分かりません。どうか、そういう問いを含めて執筆してください」

まあ、さすが編集者ですね。うまく逃げられました。

じつは、わたしは、「人生の問題」と「生活の問題」とは、まったく違っていると思います。

生活の問題とは、状態によって起きる問題です。貧乏な状態にある人は、その貧困によって悩み、苦しみます。逆に金持ちの状態にある人には悩みがないかといえば、むしろ金持ちの人のほうが悩みが多いでしょう。

いつも紹介する話ですが、インド旅行から帰るとき、持参した本がなくなったもので、空港で「インド民話」の本を買いました。著者名も何もかも忘れてしまったのですが、英語で書かれた本でした。そこに、こんな民話がありました。

九十九頭の牛を所有する金持ちがいました。彼は、あと一頭の牛を手に入れると、限《き》りのいい百頭になるもので、わざとおんぼろの服を着て、貧乏人になりすまして、幼馴染《おさななじ》みを訪ねて行きます。その幼馴染みはたった一頭しか牛を持っていません。それなのに金持ちは、幼馴染みに泣き付きます。

「もうおちぶれてしまって、子どもに食わせるものもなくなった。どうか助けてほしい」

幼馴染みは気のいい男で、たった一頭しか持っていない牛を彼に布施しました。

金持ちは、「ありがとう、ありがとう」と連発しながら、たぶん内心ではペロリと舌を出しつつ、牛を牽《ひ》いて帰ります。そして、その夜、

〈ああ、これで限りのいい百頭になった〉

と、金持ちは喜んで寝ました。一方の貧乏人も、友人を助けた喜びでいっぱいです。

では、どちらの人間が本当に幸せでしょうか？

その話の最後は、そういう疑問文で結ばれていました。

どちらが幸福か？　それははっきりしています。金持ちの喜びはたった一晩のそれであって、翌日、彼は、

〈この次は、目標百五十頭にしてがんばるぞ！〉

と考えます。そして百五十頭にするために、金持ちはあくせく・いらいら・がつが

つと生活せねばなりません。

一方、布施をした貧乏人の喜びは、いつまでも続きます。

じつは、書いているうちに、ちょっと論旨が変わってしまったことに気づきました。生活の問題として、貧乏人には貧乏人の悩みが、金持ちには金持ちの悩みがあることを言いたかったのですが、このインド民話だと、貧乏人には文句のつけようがありません。彼は生活の問題に悩むことなく、のんびり・ゆったり・ほどほどに生きています。


ただし、全部が全部の貧乏人が悩みなく生きていると思わないでください。九九・九パーセントの貧乏人が、いや貧乏人に限らず、九九・九パーセントの人間が生活の問題で悩んでいます。金持ちはもっと金儲けがしたいと悩み、そして損をしたくないと悩んでいます。貧乏人は、なんとかして金持ちになりたいとあくせく暮らしています。みんなが生活の問題で悩んでいるのです。

仏をまねて生きる教え

なぜ生活の問題に悩むかといえば、それは人生の問題を解決していないからです。

では、人生の問題とは何か？　それは、

——そもそも人間はなぜ生きるのか？——

に答えることです。これを、「人間は何のために生きるのか？」と考えないでください。目的を設定すれば、われわれはその目的に向かって邁進することになります。そうすると窮屈な生き方になります。何度も繰り返しましたが、わたしたちは、のんびり・ゆったりと生きる必要があります。

じつをいえば、人生に目的なんてないのです。

と言えば、嘘をつくな、仏教においては悟りを開いて仏になることが目的だろう——と反論されそうです。しかし、本論において詳しく述べましたが、われわれが仏になることはほとんどできません。仏は星のような存在で、それを目標にすることはできますが、誰も星に達することはできないのです。

わたしは、仏教というのは文字通りに「仏・教」、すなわち「仏の教え」だと思っていました。そして同時に、「仏になるための教え」だと思っていました。

だが、インド人と話していて、気がつきました。

「ミスターひろ、われわれがブッダ（仏）になるにはどれくらいの時間がかかりますか？」

「少なくとも五十六億七千万年はかかる」

「ということは、われわれが生きているあいだにはブッダになれないわけですね。だとすれば、仏教はわれわれの人生に役に立たないことになります。それでいいんですか……？」

しばらく間をとって、インド人はにこにこしながら言いました。

「ところがね、ミスターひろ、わたしは毎朝ブッダになります」

「そんなに簡単に仏になれるわけがない」

わたしのその言葉に、インド人はにこにこしているだけでした。

ずっとあとになって、インド人が語ったのがジョークだということに気づきました。

じつは、〝ブッダ〟というサンスクリット語の意味は、「目が覚める」ということです。それを「真理に目覚めた人」すなわち「仏」の意味に使っています。だからインド人は、「わたしは毎朝、目が覚めます」と「毎朝、ブッダ（仏）になります」をうまく使ってジョークを言ったのです。あたりまえですよね。毎朝、目が覚めないと死者ですよ。

それに気づいたあと、わたしは仏教の定義を変えました。それまでは、仏教とは「仏になるための教え」と理解していたのですが、それを、

——仏をまねて生きる教え——

に変えたのです。わたしたちは毎朝、ある意味で仏になる（目が覚める）のですから、その日一日を仏らしく、仏をまねて生きればよい。そのための教えなんだと考えたのです。

役柄を演ずる

仏をまねるといっても、あまり深刻に考えないでください。仏は姿・形のない存在だから、まねようとしてまねられるものではありません。密教では、

――身口意の三業――

といって、人間の行動を三つに分け、
身体的行動（身業）においては……殺生・偸盗《ちゅうとう》・邪婬《じゃいん》を、
言語活動（口業）においては……妄語・両舌《りょうぜつ》（他人の仲を裂く言葉）・悪口《あっく》・綺語《きご》（無益な雑談）を、
心の作用（意業）においては……貪欲《とんよく》・瞋恚《しんい》（怒り）・邪見を、
戒めています。でも、そんなこと、なかなかできることではありませんよね。わたしたちは凡夫だから、すぐに失敗してしまいます。
そこで、わたしは、うまく説明するために、

――演劇・芝居――

というものを考えました。英語において〝プレイ（play）〟という語には、「遊ぶ」という意味のほかに「芝居をする」という意味があります。これが参考になります。
じつは、わたしたちが住んでいるこの世界・世間というものは、大きな「人生劇場」なんです。そう思ってください。
わたしたちみんなは、この人生劇場に配役を与えられて生まれてきました。わたし

たちに配役を与えられたのは仏であり、またシナリオ・ライター（脚本作家）も仏なんです。本当は、仏教的にいえば、わたしたちの配役もシナリオも、因縁によって決まるのです。〝因縁〟というのは、ちょっと説明が本論とダブリますが、因は直接原因、縁は間接条件と思ってください。柿の種（因）があるだけでは発芽しません。大地に播き、水をやり、温度が高くなるといったさまざまな縁がととのって発芽するのです。いかに癇癪持ち（因）でも、そういつもいつも怒るわけではありません。縁があって怒りが生じるのです。

ともかく、仏教的にいえば、人間は「空」なる存在であって、それがさまざまな因縁によって、いろんな役割（配役）をつとめることになります。金持ち／貧乏人、優等生／劣等生、健康な人／病人、いじめられ役／いじめ役、そして医師・政治家・詐欺師・会社員……といったさまざまな職業も、すべて因縁によって決まります。それをわたしは、芝居の脚本も役柄も仏が決められると表現したのです。どちらでも同じことです。

そうして、わたしたちは自分に与えられた役柄をしっかりとつとめるべきです。けれども、誤解しないでください。しっかりとつとめるといっても、がちがち、ごちごち、血眼になって演ずるのではありません。それだと大根役者になります。もっとも、血眼にならないといけない役割もあります。その役を与えられたときは、血眼になってください。でも、余裕をもって血眼になるのです。その要領がむずかしいですが……。

遊びの心境

では、どういうふうに配役を演ずればよいのでしょうか？　わたしは先程、英語の〝プレイ〟には、「演ずる」のほかに「遊ぶ」といった意味のあることを指摘しました。仏教においても、「遊ぶ」というのは大切なことです。

まず、〝遊戯《ゆげ》〟といった仏教語があります。

《仏・菩薩の自由自在で何ものにもとらわれないことをいう》(『岩波仏教辞典』)

と解説されています。『般若心経』でいえば、

菩提薩埵。依般若波羅蜜多故。心無罣礙。無罣礙故。無有恐怖。遠離一切顚倒夢

想。

〔大乗仏教の求道者（菩薩）は、般若波羅蜜（仏の智慧の完成）を実践していますから、その心はなにものにも執着することはないし、こだわりがありません。こだわりがないので、恐怖に怯《おび》えることなく、事物をさかさまに捉えることもなく、心は徹底して平安であります〕

というのがそれです。心に執着がなくなり、こだわりがなくなった状態が「遊戯」なんです。

また、『法華経』の「観世音菩薩普門品」には、

《世尊よ、観世音菩薩は、云何《いか》にしてこの娑婆世界に遊ぶや。云何にして衆生のために法を説くや》

〔釈迦世尊よ、観世音菩薩は、どういう姿になってこの娑婆世界に遊びに来ておられるのですか？　どういうかたちで衆生に説法されているのですか？〕

と問われています。観世音菩薩というのは、すでに言ってありますが、『般若心経』

だと観自在菩薩ですね。そしてその問いに対する釈迦の応答を見ますと、観世音菩薩（観自在菩薩）は三十三身に変身して、遊びの心境でもってわれわれに法を説いておられるのです。

その三十三身のうちには、小王あり、居士《こじ》（資産家）あり、優婆塞《うばそく》（男性の在家信者）・優婆夷《うばい》（女性の在家信者）・童男・童女……等々、さまざまな人々が含まれています。

ということは、わたしたちは誰もが観世音菩薩・観自在菩薩なんです。『般若心経』と『法華経』を合わせて考えるとそうなります。で、われわれは『般若心経』を読んでいるのですから、以下では、〝観自在菩薩〟と表記します。そして観自在菩薩の出身地は極楽世界ですから――観自在菩薩は阿弥陀仏の脇侍《きょうじ》です――、わたしたちは極楽世界からさまざまな姿（三十三身）になって、この娑婆世界にプレイ（遊び・配役を演ずる）するために来ているのです。これまで述べたところをまとめると、そうなります。もう少し『般若心経』的にいえば、「空」（観自在菩薩）がさまざまな因縁によって、諸法（いろいろな人）となって出現しているのです。あなたはそう思って、あなたに与えられた配役をしっかりとプレイ（遊び・演ずる）してください。それが

『般若心経』の教えです。

貧乏人・病人・老人

もう少し補足しておきましょう。

あなたがいま、貧乏だとします。しかし、貧乏にもかかわらず、あなたはその貧乏をしっかりと生きてください——とは言いません。それは『般若心経』の教えではないからです。

『般若心経』の教えは、あなたは「空」（観自在菩薩）なんです。その「空」が、もろもろの因縁によってたまたま貧乏な状態にあるのです。であれば、その貧乏をしっかりとプレイせよ——ということです。しかし、プレイしていれば、あなたは金持ちになれるというのではありませんよ。金持ちか／貧乏かは、もろもろの因縁によるものですから、そんなことは気にしないでください。ひょっとすれば、あなたは金持ちになれるかもしれないし、あるいはもっとひどい貧乏人になるかもしれません。ただ、つい先程も引用しましたが、顛倒――事物をさかさまに捉える――

ことがなくなります。すなわち、あなたはそれまでは、

〈貧乏だから苦しいのだ。金持ちになれば苦しみがなくなる〉

とさかさまに考えていたのが、

〈なにも、金持ちになれば幸せになれるわけではない。幸せであれば、貧乏を苦にすることなく生きられる〉

と分かるようになります。つまり、苦（貧乏）がなくなるわけではなしに、貧乏を苦にしないで生きられるようになるわけです。

そうしたとき、あなたは、

分かった、分かった、ほとけの心、

すっかり分かった、ほとけの心、

ほとけさま、

ありがとう。

と、心から感謝の言葉が述べられるようになるでしょう。それがプレイの意味です。

私事をちょっと追加しておきます。

前にも述べたように、わたしは脳梗塞を患い、二か月ばかりも入院生活を送りました。その後通院して、目下、リハビリテーションの最中ですが、それによっていちおう杖をつきながら歩けるまでにはなったのですが、身体機能の恢復よりも、老化のほうのスピードが速いのではないかと、自分で苦笑しています。

まあ、わたしは、病人は病人らしく、老人は老人らしくプレイすればよいと思っています。いずれにしても、ほとけさまがくださった配役なんですから。

芝居には悪役も必要

さて、最後に残された大問題があります。お気づきになっておられますか？　それは、悪役の問題です。

すでに述べたように、この世の中に病人がいなくなれば、医師や看護師、薬剤師は生活できません。製薬会社も、医療器具をつくっている会社の経営も成り立たなくなります。とすると、この世の中に病人がいてくれないと困るのです。

同様に、犯罪者が一人もいなくなれば、警察関係者、司法の関係者、そして弁護士が生活できなくなります。ということは、世の中には犯罪者が必要なんです。

芝居で考えてください。善人ばかりが登場する演劇がおもしろいでしょうか？　やはり悪代官や悪徳商人、やくざといった悪役が登場してこそ、芝居がおもしろくなるのです。殺す役柄の者もいれば、殺される役割の人も必要です。そうすると、シナリオ・ライターである仏――本当は因縁というものです――は、誰かにその悪役を頼まねばなりません。役者はみんな「空」ですが、仏（因縁）が人それぞれに役柄を与えられるのです。仏はきっと、

〈あなたにこんな悪役を与えてすまないね……〉

と思っておられるでしょう。わたしたちはそういう役柄を与えられている人を見たとき、また自分自身が災難や不幸に遭ったとき、

〈ああ、これは仏から与えられた役割なんだ〉

と思うべきです。それがプレイの精神です。

わたしたちがいまある「状態」は、すべて仏がキャスティング（役を割りふり）さ

れたものです。それが「空」の精神であり、『般若心経』の心です。

オリンピックの精神

最後に蛇足の蛇足を加えておきます。

国際オリンピック競技の創設者である、フランスのクーベルタン男爵(一八六三―一九三七)の有名な言葉に、

《オリンピックの精神は、勝つことではなしに参加することである》

があります。クーベルタン男爵は、これをフランス語で言ったのでしょうが、わたしは英訳で読んでいて、「勝つことではなく参加すること」が、

——not to win, but to take part——

となっていることを知りました。そして、〝テイク・パート(take part)〟といった言葉に感激しました。

もちろん、〝テイク・パート〟は「参加する」といった意味です。しかし、英語の〝パート〟には、「役目」「(俳優の)役(role)」といった意味もあります。そして、

〝テイク〟には、「(地位・職など)につく」「演ずる」といった意味があるのです。そうすると〝テイク・パート〟は、「演劇においてある役柄を演ずる」といった意味になりそうです。

だとすると、「勝つことではなく参加すること」といった訳語は、やや不正確です。プロ野球でいえば、優勝すること(一位になること)が目的ではなく、強いチームは強い役割を果たすこと、弱いチームは弱い役割を演ずることが大事なのではないでしょうか……。三位のチームは三位の役割を果たせばいいのだし、六位(びり)のチームはびりの役割を果たせばいいのです。

昔、ギリシア哲学を勉強していたとき、

〝テオーリア(theoria)〟

といった言葉を習いました。これが英語になると〝セオリー(理論)〟となるのですが、ギリシア語の〝テオーリア〟は「観想」と訳されます。そして、たしか古代ギリシアの哲学者のピタゴラス(前五六〇ごろ—前四八〇ごろ)だったと思いますが——まちがっていたらごめんなさい——オリンピック競技に集まる人を三種に分け、

1　そこで競技をする選手、

2　観客、
3　そこで商売をする人間、
とし、そのうち観客を最高位にしていました。そのように、ギリシア哲学においては「見ること」が大事にされていたのです。

プロ野球でいえば、ホームランを打つ選手よりも観衆のほうが大事なのですね。あたりまえでしょう、観客がいないと、選手や役者は誰から給料を貰うのでしょうか⁉

ともあれ、この世という舞台——人生劇場——には、さまざまな役者が登場します。役者ばかりでなく、観客・主催者・そこで働く大勢の人々が必要です。そのキャスティングをされるのは仏です。わたしたちはその仏の選択によって、それぞれの役目についているのです。そう考えて、わたしたちはこの人生をプレイしましょう。

それが『般若心経』の教えだと、わたしは思います。

あとがき

本文でも書きましたが、昨年（二〇一九年）の二月に脳梗塞を患い、救急車で病院に運ばれました。そして二か月近い入院生活を余儀なくされ、一年後の現在もリハビリ生活を続けています。入院中もリハビリ中も、わたしは思い出しては『般若心経』をお唱えしていました。

しかし、なかなか気が晴れません。心のもやもやが消えないのです。

『般若心経』については、すでに十冊以上もの本を書いたわたしにしては、これはちょっと無様《ぶざま》な有り様です。わたしはもう一度、『般若心経』を生き方の問題として読みなおしてみることを考えました。

人間はいろいろな状況に出会います。病気になることもあれば、失恋もあり、失職することもあります。好運なときはいいのですが、逆境にあってわれわれはどう生きればよいかを『般若心経』に教わろうとしたのが本書です。こういうかたちの本を書くことを許してくださった、中央公論新社の登張正史氏に感謝しています。

合掌

ひろさちや

二〇二〇年三月

本書は書き下ろし作品です
装幀　平面惑星

ひろさちや

一九三六（昭和一一）年、大阪に生まれる。東京大学文学部印度哲学科卒業、同大学院人文科学研究科印度哲学専攻博士課程修了。気象大学校教授を経て、仏教・インド思想等、宗教について幅広く執筆・講演活動を行っている。二〇二二年四月没。著書に『親鸞』『法然』『道元』『仏教の釈迦・キリスト教のイエス』(以上春秋社)、『ひろさちやの般若心経88講』（新潮社）、『「狂い」のすすめ』(集英社)、『のんびり生きて 気楽に死のう』(PHP研究所)、『空海入門』『はじめての仏教』『般若心経――生まれ変わる』（以上中公文庫）、『超訳　無門関』『阿弥陀経―現代語訳とその読み方』など。

般若心経《はんにゃしんぎょう》

――生《い》き方《かた》を学《まな》ぶ

2020年4月10日　初版発行
2022年8月10日　再版発行

著　者　ひろさちや
発行者　安部順一
発行所　中央公論新社
〒100-8152　東京都千代田区大手町1-7-1
電話　販売 03-5299-1730　編集 03-5299-1740
URL https://www.chuko.co.jp/

DTP　平面惑星
印　刷　大日本印刷
製　本　小泉製本

Published by CHUOKORON-SHINSHA, INC.
Printed in Japan　ISBN978-4-12-005294-1 C0015

中公文庫

S-18-1
大乗仏典1 般若部経典
金剛般若経／善勇猛般若経
長尾雅人
戸崎宏正 訳

「空」の論理によって無執着の境地の実現を目指す『金剛般若経』。固定概念を徹底的に打破し、「真実あるがままの存在」を追求する『善勇猛般若経』。

203863-9

S-18-2
大乗仏典2 八千頌般若経Ⅰ
梶山雄一 訳

多くの般若経典の中でも、インド・チベット・中国・日本など大乗仏教圏において最も尊重されてきた『八千頌般若経』。その前半部分11章まで収録。

203883-7

S-18-3
大乗仏典3 八千頌般若経Ⅱ
梶山雄一
丹治昭義 訳

すべてのものは「空」であることを唱道し、あらゆる有情を救おうと決意する菩薩大士の有り方を一貫して語る『八千頌般若経』。その後半部を収める。

203896-7

S-18-4
大乗仏典4 法華経Ⅰ
松濤誠廉
長尾雅人
丹治昭義 訳

『法華経』は、的確な比喩と美しい詩頌を駆使して、現実の人間の実践活動を格調高く伝える讃仏・信仰の文学である。本巻には、その前半部を収める。

203949-0

S-18-5
大乗仏典5 法華経Ⅱ
松濤誠廉
丹治昭義
桂紹隆 訳

中国や日本の哲学的・教理体系の樹立に大きな影響を与えた本経は、今なお苦悩する現代人の魂を慰藉してやまない。清新な訳業でその後半部を収録。

203967-4

S-18-6
大乗仏典6 浄土三部経
山口益
桜部建
森三樹三郎 訳

阿弥陀仏の功徳・利益を説き、疑いを離れることで西方極楽浄土に生まれ変わるという思想により、迷いと苦悩の中にある大衆の心を支えてきた三部経。

203993-3

S-18-7
大乗仏典7 維摩《ゆいま》経・首楞厳三昧《しゅりょうごんざんまい》経
長尾雅人
丹治昭義 訳

俗人維摩居士の機知とアイロニーに満ちた教えで、空の思想を展開する維摩経。「英雄的な行進の三昧」こそ求道のための源泉力であると説く首楞厳経。

204078-6

S-18-8
大乗仏典8 十地経
荒牧典俊 訳

「菩薩道の現象学」と呼び得る本経は、菩薩のあり方やその修行の階位を十種に分けて解き明かし、大乗仏教の哲学思想の展開過程における中核である。

204222-3

中公文庫

S-18-9
大乗仏典9 宝積部経典 迦葉品／護国尊者所問経／郁伽長者所問経
長尾雅人／桜部建 訳
「世界の真実を見よ」という釈尊の説いた中道思想を易しく解説し、美しい言葉と巧みな比喩によって「心とは何か」を考察する「迦葉品」。
204268-1

S-18-10
大乗仏典10 三昧王経Ⅰ
田村智淳 訳
本経は、最高の境地である「空」以上に現実世界での行為に多くの関心をよせる。格調高い詩句と比喩を駆使して、哲学よりも実践を力説する物語前半部。
204308-4

S-18-11
大乗仏典11 三昧王経Ⅱ
田村智淳／一郷正道 訳
真理は、修行によってのみ体験しうる沈黙の世界である。まさに「三昧の王」の名にふさわしく、釈尊のことばよりも実践を強調してやまない物語後半部。
204320-6

S-18-12
大乗仏典12 如来蔵系経典
髙﨑直道 訳
衆生はすべて如来の胎児なりと宣言した如来蔵経、大乗仏教の在家主義を示す勝鬘経など実践の主体である心を考察する深遠な如来思想を解き明かす五経典。
204358-9

S-18-13
大乗仏典13 ブッダ・チャリタ（仏陀の生涯）
原実 訳
世の無常を悟った王子シッダルタを出家させまいと誘惑する女性の大胆かつ繊細な描写を交え、人間仏陀の生涯を佳麗に描きあげた仏伝中白眉の詩文学。
204410-4

S-18-14
大乗仏典14 龍樹論集
梶山雄一／瓜生津隆真 訳
人類の生んだ最高の哲学者の一人龍樹は、言葉と思惟を離れ、有と無の区別を超えた真実、「空」の世界へ帰ることを論じた。主著『中論』以外の八篇を収録。
204437-1

S-18-15
大乗仏典15 世親論集
長尾雅人／梶山雄一／荒牧典俊 訳
現象世界は心の表層に過ぎない。それゆえ、あらゆるものは空であるが、なおそこに「余れるもの」が基体としてあると説く世親の唯識論四篇を収める。
204480-7

な-14-4
仏教の源流――インド
長尾雅人
ブッダの事蹟や教説などを辿るとともに、ブッダの根本教理である縁起の思想から空の哲学を経て、菩薩道の思想の確立へと至る大成過程をあとづける。
203867-7